10 9 8

Kreuze an X.

① Was ist unter  **?**

☐

☐

☐

② Was ist unter  **?**

☐

☐

☐

③ Was ist über  **?**

☐

☐

☐

4 **Was ist über**  ?

5 **Was ist zwischen**  **und**  ?

6 **Was ist links neben**  ?

7 **Was ist rechts neben**  ?

Auf einen Blick

1

2

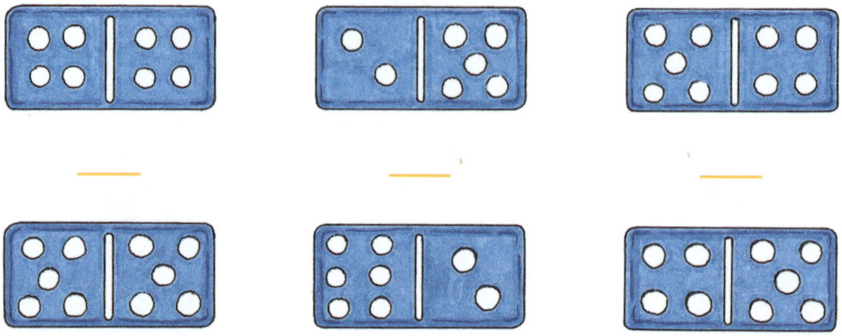

3

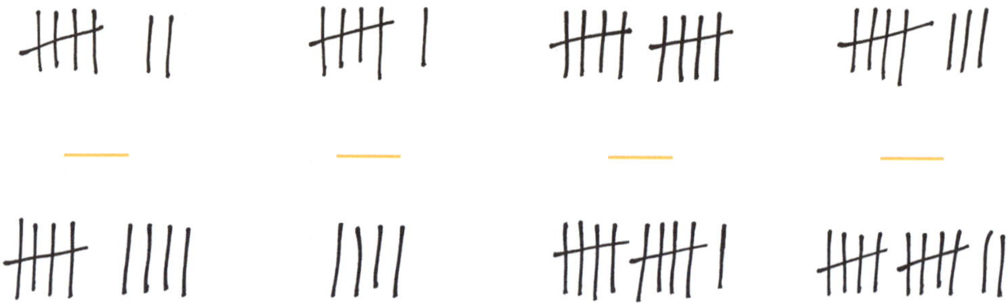

4

5 **Verbinde mit dem richtigen Schlüssel.**

6

1 Wie viele sind es?

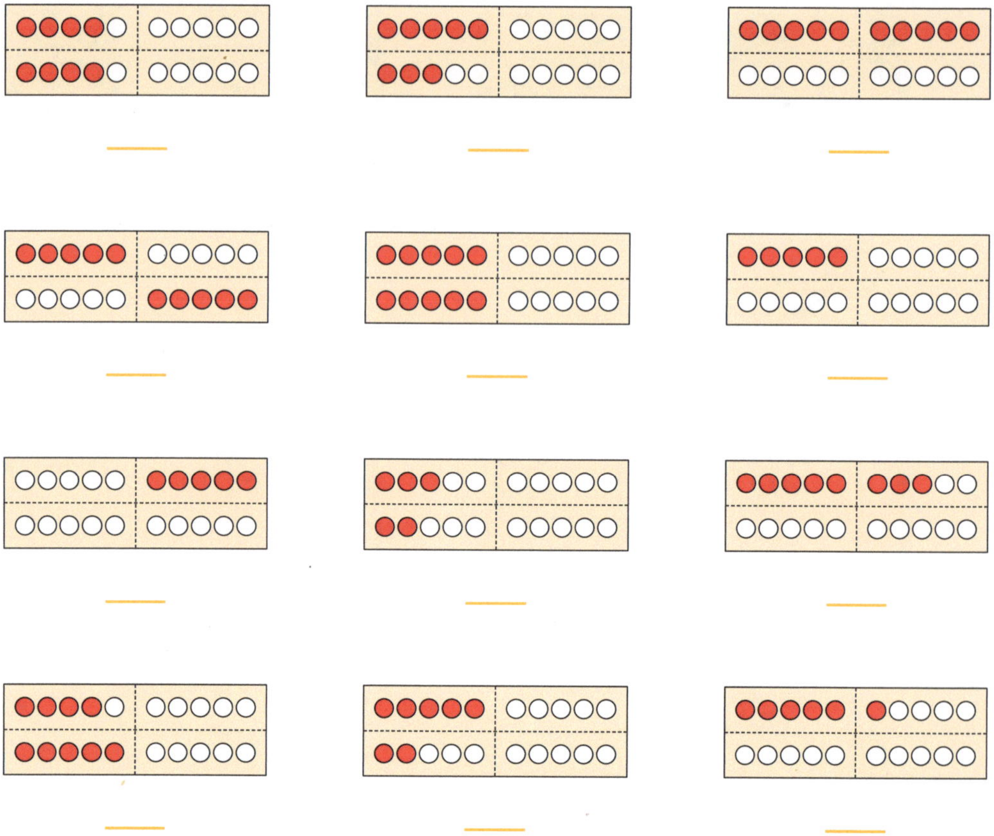

2 Wie viele sind versteckt?

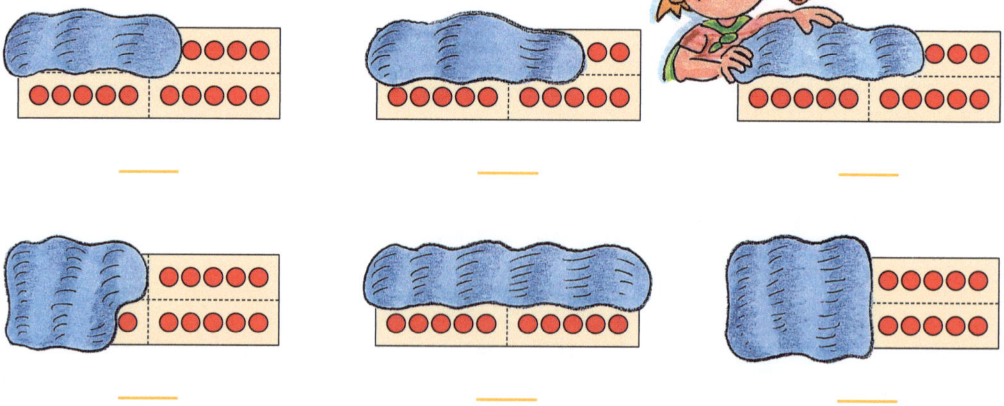

3 Kreise farbig ein.

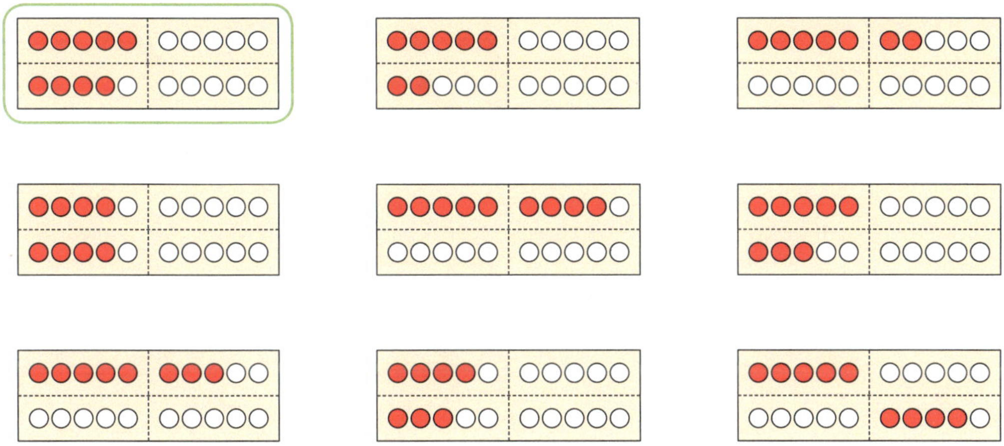

Für Mathe-Super-Stars!

4 Mehr als 10.
Wie viele sind es?

14 15 20 16 12 13

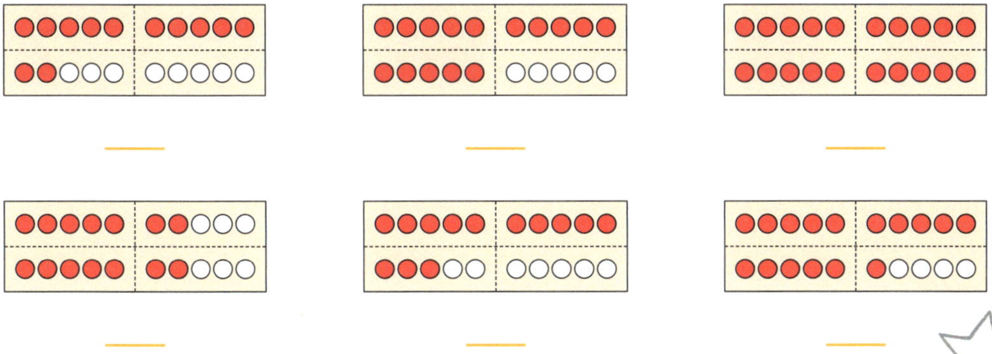

Zahlen zerlegen

①

4 + 3	___ + ___	5 + ___

___ + ___	___ + ___	3 + ___

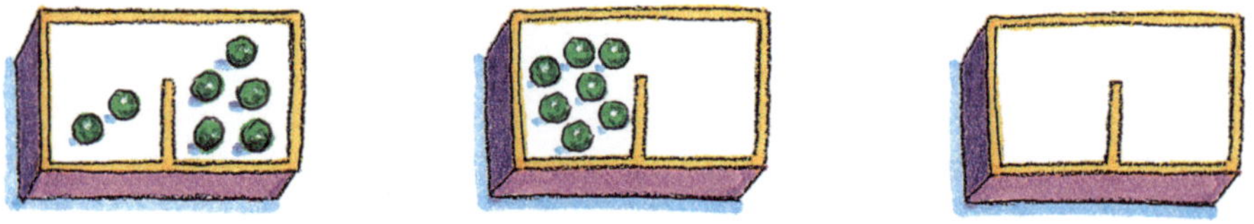

___ + ___	___ + 1	4 + ___

___ + ___	2 + ___	1 + ___

②

2 + ___	3 + ___	2 + ___
4 + ___	___ + 2	4 + ___
1 + ___	___ + 3	___ + 1
3 + ___	0 + ___	___ + 3

3

___ + ___

___ + ___

___ + ___

9 + ___

2 + ___

___ + 3

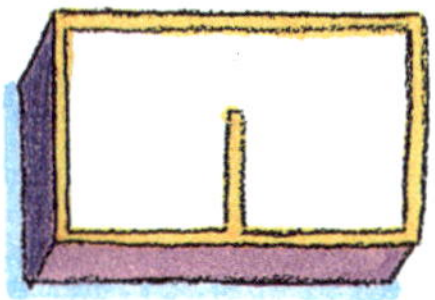

___ + 4

___ + 8

4

0 + ___
1 + ___
2 + ___
3 + ___
___ + ___
___ + ___
___ + ___
___ + ___
___ + ___
___ + ___
___ + ___

5

6 + ___
0 + ___
___ + 2
___ + 5

1 + ___
3 + ___
___ + 0
5 + ___

6 + ___
1 + ___
___ + 5
___ + 0

1 **Vergleiche die Türme: < > =**

7 (>) ___ ___ ◯ ___ ___ ◯ ___ ___ ◯ ___

2 **Zeichne die Türme fertig. Setze ein: < > =**

6 ◯ 4 3 ◯ 5 1 ◯ 6 4 ◯ 4

3 **Vergleiche: < > =**

4 ◯ 7	2 ◯ 8	8 ◯ 7
6 ◯ 3	7 ◯ 7	8 ◯ 9
9 ◯ 1	3 ◯ 9	9 ◯ 6
0 ◯ 10	6 ◯ 5	10 ◯ 0

4 **Welche Zahlen passen? Male sie an.**

? < 7

3 8 6 2

? < 9

10 8 6 1

? > 5

3 2 8 6

5 **Male alle passenden Felder aus.**

? > 3

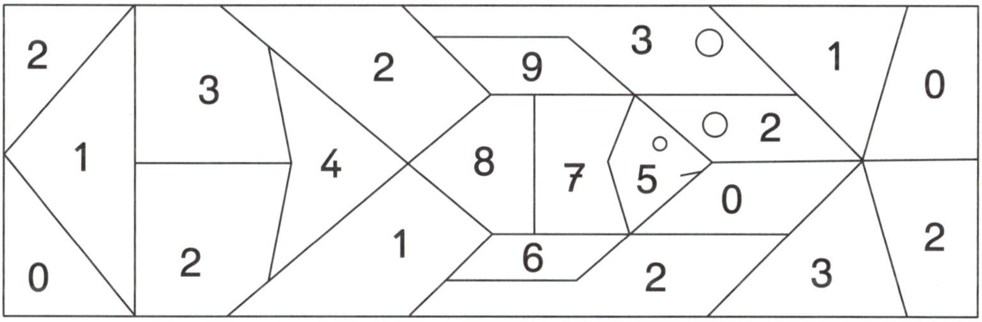

6 **Streiche alle Zahlen durch, die nicht passen.**

? < 4

1 2 3 4 5
6 7 8 9 10

7 > ?

1 2 3 4 5
6 7 8 9 10

5 > ?

1 2 3 4 5
6 7 8 9 10

7 **Welche Zahlen passen? Male sie an.**

Für Mathe-Super-Stars!

4 < ? < 9

1 2 3 4 5 6 7 8 9

1 Kreuze an ☒.

Max steht ☐ vor ☐ hinter ☐ zwischen

Waldi und

Dirk.

Max, Dirk und Laura stehen ☐ vor ☐ hinter ☐ neben

den Eltern.

Oma, Opa und Tante Marie stehen ☐ vor ☐ hinter ☐ neben

den Eltern.

2

Laura sehe ich ☐ rechts ☐ links von

Dirk.

Papa sehe ich ☐ rechts ☐ links von

Mama.

Dirk sehe ich ☐ rechts ☐ links von

Max.

Oma sehe ich ☐ rechts ☐ links von

Opa.

Für Mathe-Super-Stars!

3 Zwischen Opa und Max steht ____________________.

Zwischen Waldi und Laura sind ____________________ und ____________________. Alle auf dem Bild schauen zu dir, nur ____________________ sieht zur Seite.

1 **Wie heißen die Rechnungen?**

a)

3 + ___ = ___

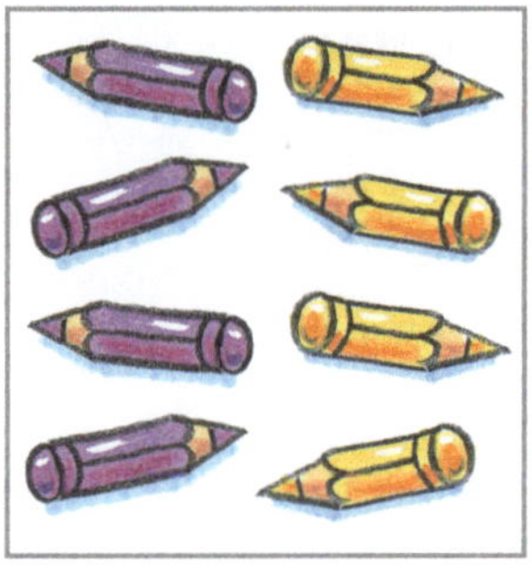

___ + ___ = ___

___ + ___ = ___

b)

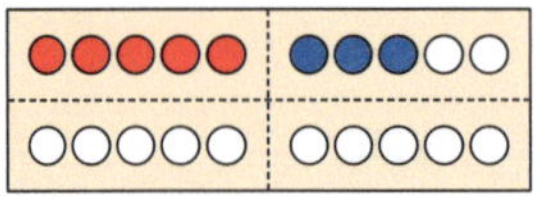

5 + ___ = ___

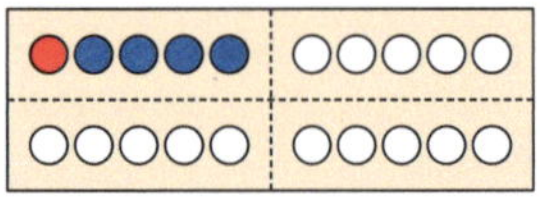

___ + ___ = ___

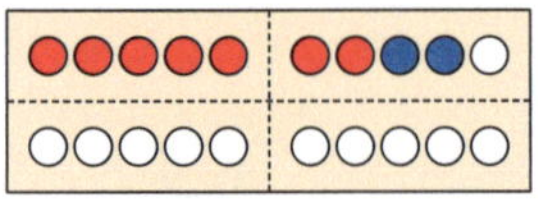

___ + ___ = ___

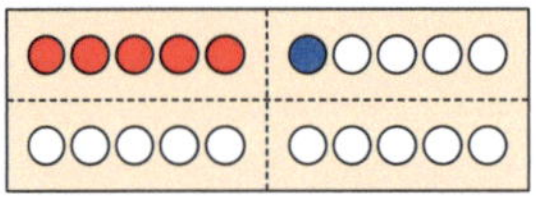

___ + ___ = ___

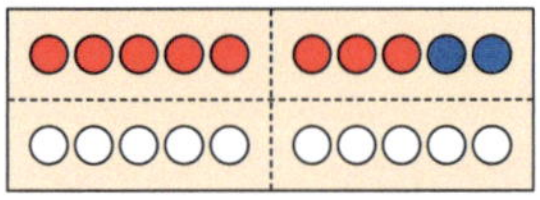

___ + ___ = ___

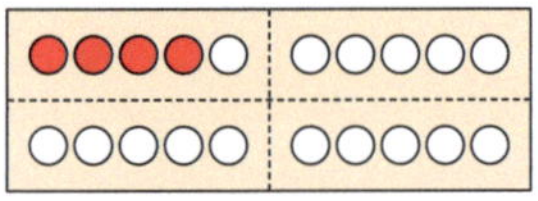

___ + 0 = ___

2

2 + 3 = ___	3 + 1 = ___	5 + 1 = ___
2 + 4 = ___	3 + 2 = ___	5 + 2 = ___
2 + 5 = ___	3 + ___ = ___	5 + ___ = ___
2 + ___ = ___	3 + ___ = ___	___ + ___ = ___
2 + ___ = ___	3 + ___ = ___	___ + ___ = 10

3 Male und rechne.

a)

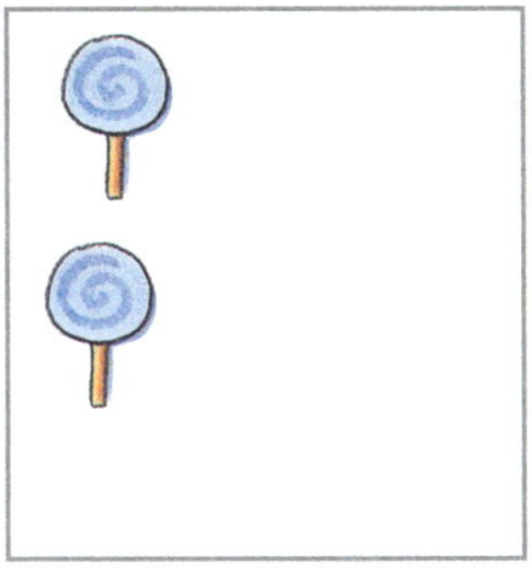

2 + 4 = ___

6 + 3 = ___

3 + 5 = ___

b)

4 + 2 = ___

3 + 6 = ___

5 + 4 = ___

2 + 6 = ___

9 + 1 = ___

7 + 2 = ___

4

4 + 0 = ___	1 + 1 = ___	6 + 3 = ___
4 + 2 = ___	1 + 0 = ___	6 + 4 = ___
4 + 4 = ___	1 + 4 = ___	6 + 0 = ___
4 + 6 = ___	1 + 8 = ___	6 + 1 = ___
4 + 5 = ___	1 + 7 = ___	6 + 2 = ___

① Schreibe immer 2 Aufgaben.

 3 + 2 = ___
 2 + 3 = ___

 6 + 4 = ___
 4 + 6 = ___

 1 + _ = ___
 5 + _ = ___

 _ + _ = ___
 _ + _ = ___

 _ + _ = ___
 _ + _ = ___

 _ + _ = ___
 _ + _ = ___

② Rechne und schreibe die Tauschaufgabe.

2 + 5 = ___
5 + 2 = ___

6 + 4 = ___
4 + _ = ___

3 + 6 = ___
_ + _ = ___

7 + 1 = ___
___

4 + 2 = ___
___

5 + 0 = ___
___

1 + 8 = ___
___

4 + 5 = ___
___

0 + 9 = ___
___

3 Für Mathe-Super-Stars!

3 + 1 + 5 = ___
1 + 3 + 5 = ___
_ + _ + _ = ___

 _ + _ + _ = ___
 _ + _ + _ = ___
 _ + _ + _ = ___

1 Ergänze, was fehlt.

+4	+5	+6	+7
0 + 4 = ___	0 + 5 = ___	0 + 6 = ___	0 + 7 = ___
1 + 4 = ___	1 + 5 = ___	1 + ___ = ___	___ + ___ = ___
2 + 4 = ___	2 + ___ = ___	___ + ___ = ___	___ + ___ = ___
3 + 4 = ___	3 + ___ = ___	___ + ___ = ___	___ + ___ = ___
4 + 4 = ___	___ + ___ = ___	___ + ___ = ___	
5 + ___ = ___	___ + ___ = ___		
6 + ___ = ___			

2 Ausschnitte aus anderen Türmen

+3			
3 + 3 = ___	0 + 8 = ___	___ + ___ = ___	___ + ___ = ___
4 + 3 = ___	1 + ___ = ___	7 + 2 = ___	___ + ___ = ___
5 + ___ = ___	___ + ___ = ___	___ + ___ = ___	6 + 1 = ___

3 Nachbarn links und rechts

3 + 4 = ___	3 + 5 = ___	3 + ___ = ___
1 + ___ = ___	1 + 6 = ___	___ + ___ = ___

1 **Wie heißen die Rechnungen?**

8 – ___ = ___

___ – ___ = ___

___ – ___ = ___

2

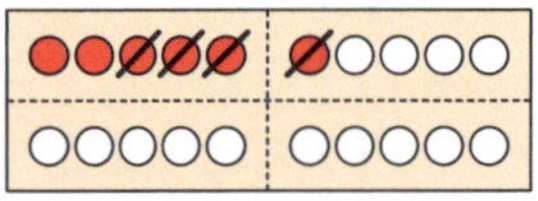

6 – ___ = ___

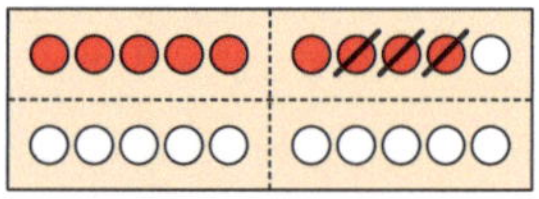

___ – ___ = ___

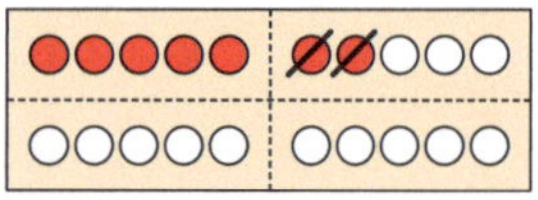

___ – ___ = ___

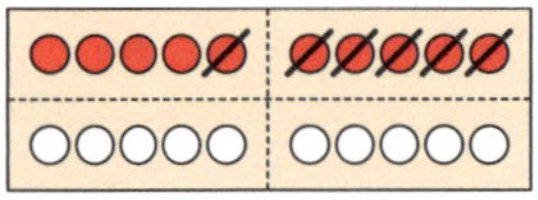

___ – ___ = ___

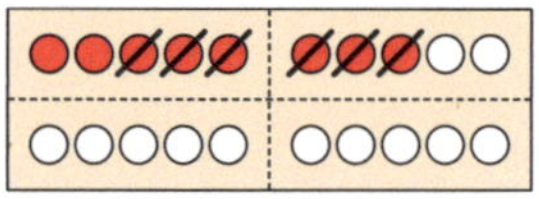

___ – ___ = ___

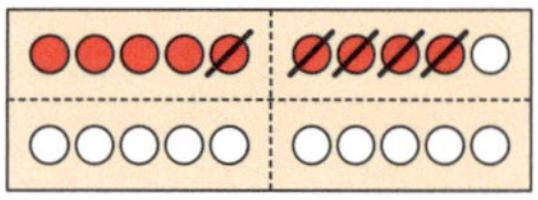

___ – ___ = ___

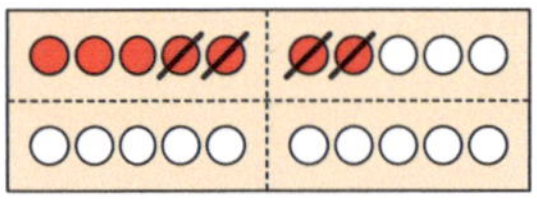

___ – ___ = ___

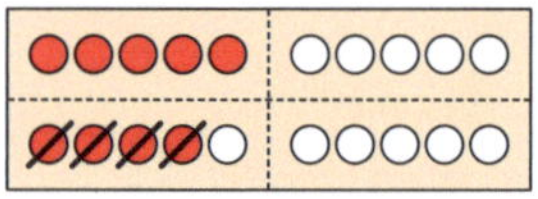

___ – ___ = ___

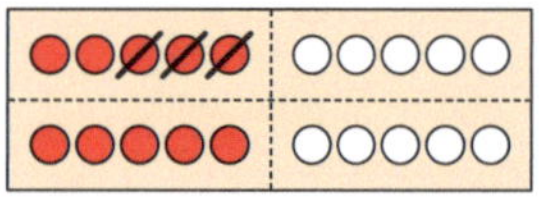

___ – ___ = ___

3

9 – 2 = ___	7 – 7 = ___	5 – 0 = ___
9 – 3 = ___	7 – 6 = ___	5 – 1 = ___
9 – 4 = ___	7 – __ = 2	5 – __ = ___
9 – __ = ___	7 – __ = ___	5 – __ = ___
9 – __ = ___	7 – __ = ___	5 – __ = ___

4 **Wie heißen die Aufgaben?**

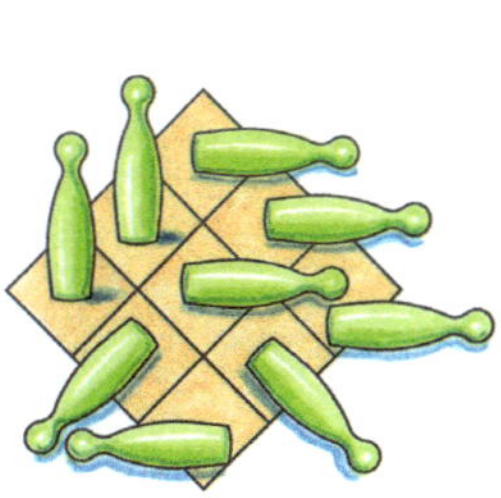

9 – ___ = ___

___ – ___ = ___

___ – ___ = ___

5 **Zeichne und rechne.**

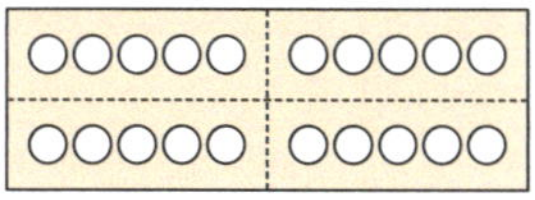

5 – 2 = ___

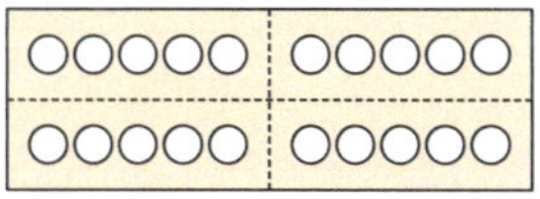

10 – 7 = ___

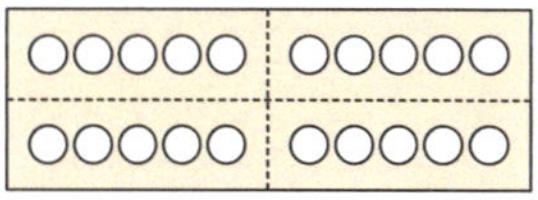

8 – 4 = ___

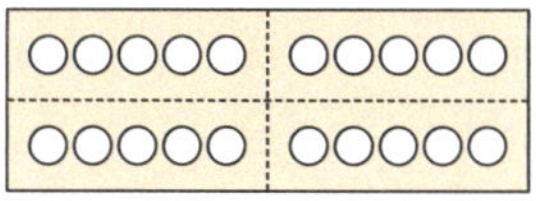

6 – 1 = ___

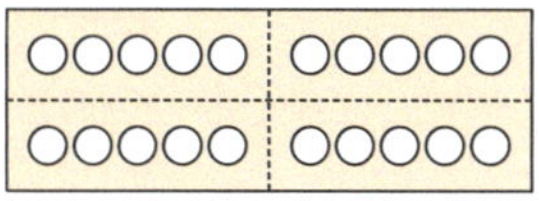

9 – 6 = ___

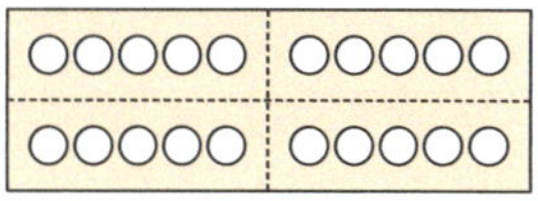

7 – 5 = ___

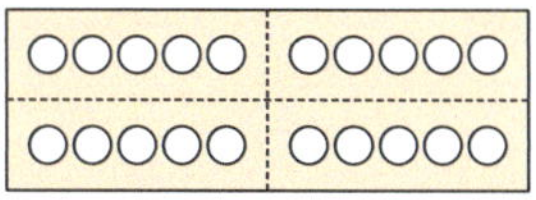

10 – 6 = ___

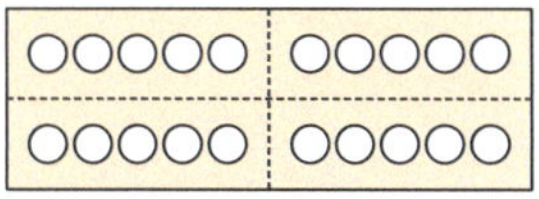

8 – 6 = ___

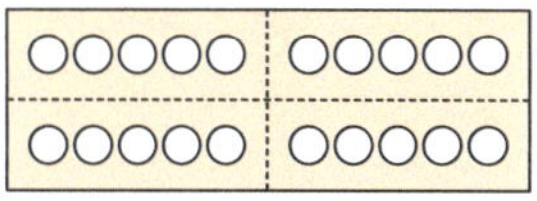

9 – 0 = ___

6

8 – 7 = ___	6 – 5 = ___	10 – 6 = ___
8 – 5 = ___	6 – 2 = ___	10 – 9 = ___
8 – 3 = ___	6 – 6 = ___	10 – 7 = ___
8 – 1 = ___	6 – 4 = ___	10 – 4 = ___
8 – 0 = ___	6 – 3 = ___	10 – 5 = ___

1 Ergänze, was fehlt.

−4	−5	−6	−7
4 − 4 = ___			
5 − 4 = ___	5 − 5 = ___		
6 − 4 = ___	6 − 5 = ___	6 − 6 = ___	
7 − ___ = ___	7 − 5 = ___	7 − ___ = ___	7 − 7 = ___
8 − ___ = ___	8 − ___ = ___	___ − ___ = ___	___ − ___ = ___
9 − ___ = ___	___ − ___ = ___	___ − ___ = ___	___ − ___ = ___
10 − ___ = ___	___ − ___ = ___	___ − ___ = ___	___ − ___ = ___

2 Ausschnitte aus anderen Türmen

−8			
8 − 8 = ___	4 − 2 = ___	___ − ___ = ___	___ − ___ = ___
9 − 8 = ___	5 − ___ = ___	8 − 3 = ___	___ − ___ = ___
10 − ___ = ___	___ − ___ = ___	___ − ___ = ___	10 − 1 = ___

3 Nachbarn links und rechts

8 − 4 = ___	8 − 5 = ___	8 − ___ = ___
7 − ___ = ___	7 − 6 = ___	___ − ___ = ___

Die Nachbarn findest du oben in den Türmen.

Vergleiche: < > =

1 **Welcher Ball gehört in welchen Korb? Färbe.**

5 – 1 8 – 3 8 – 4 9 – 8 10 – 3 7 – 2

9 – 4 10 – 7 10 – 2 9 – 1 8 – 2

2 **Vergleiche: < > =**

8 – 5 (<) 4	7 – 4 ○ 5	9 – 5 ○ 7
6 – 3 ○ 3	5 – 2 ○ 3	6 – 2 ○ 1
9 – 2 ○ 5	8 – 1 ○ 7	7 – 5 ○ 0
10 – 6 ○ 2	4 – 3 ○ 2	3 – 3 ○ 0

3 **Gleiches Ergebnis – gleiche Farbe**

10 – 0	4 + 2	9 – 1	10 – 4	7 + 3
5 + 3	7 – 2	9 + 1	9 – 4	10 – 2

4 **Vergleiche: < > =**

8 – 3 ○ 6 + 1	4 + 2 ○ 10 – 3
2 + 5 ○ 9 – 2	7 – 4 ○ 8 – 6

Setze fort.

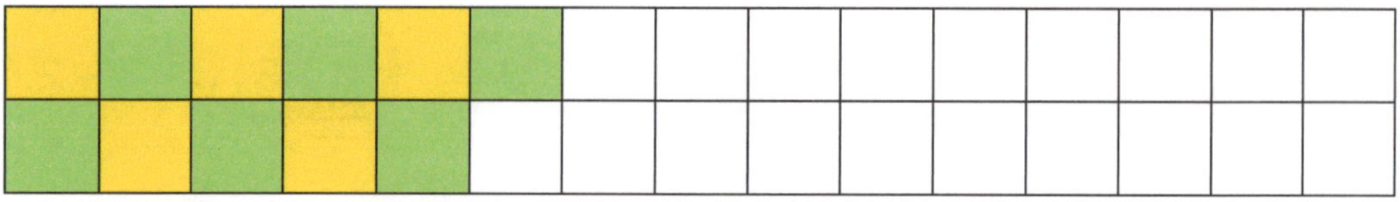

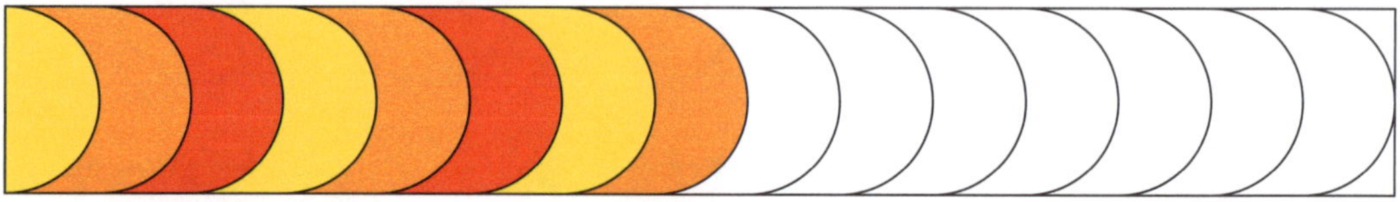

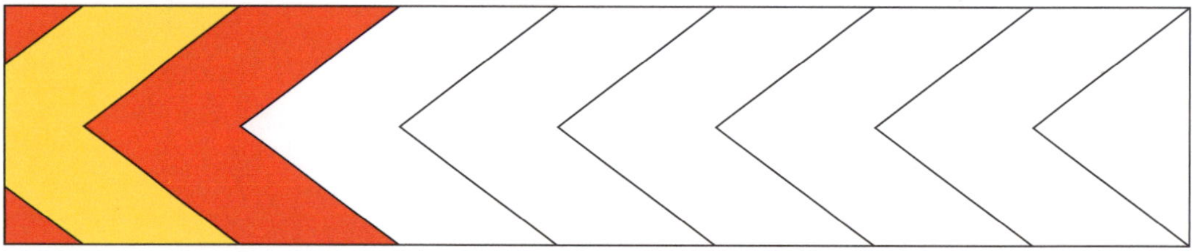

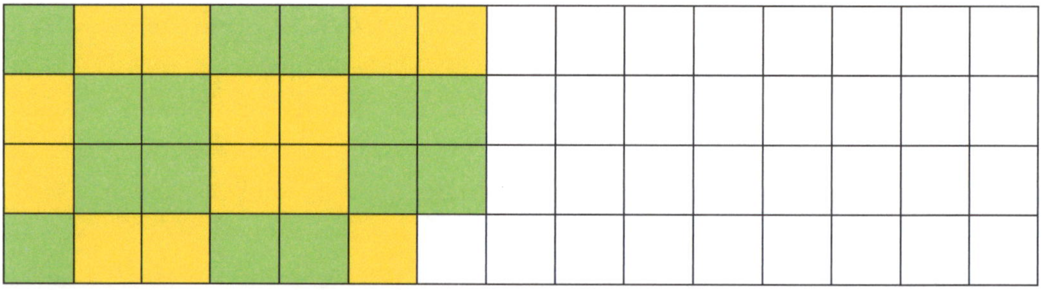

① **Streiche durch, was nicht in den Sack gehört.**

② **Fahre nach.** △ **grün**, ○ **rot**, □ **blau**

① Wie heißt die Zielzahl?

3 (+ 6) = ___

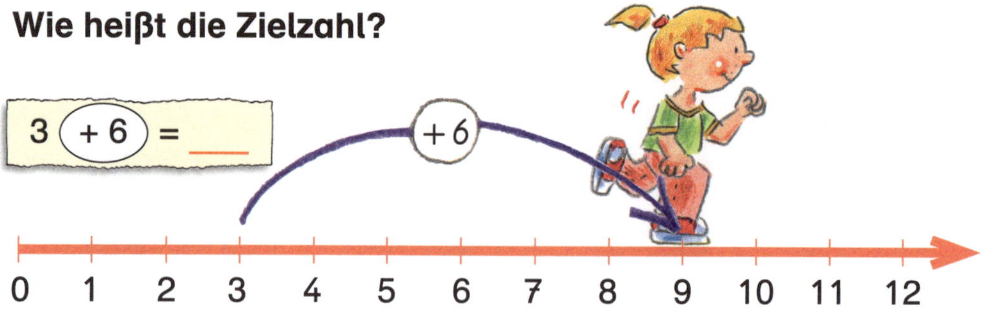

2 (+ 4) = ___	8 (+ 2) = ___	7 (+ 3) = ___
6 (+ 2) = ___	9 (+ 1) = ___	4 (+ 2) = ___
1 (+ 5) = ___	0 (+ 5) = ___	8 (+ 1) = ___
3 (+ 7) = ___	5 (+ 3) = ___	6 (+ 1) = ___

② Wie heißt die Zielzahl?

7 (– 3) = ___

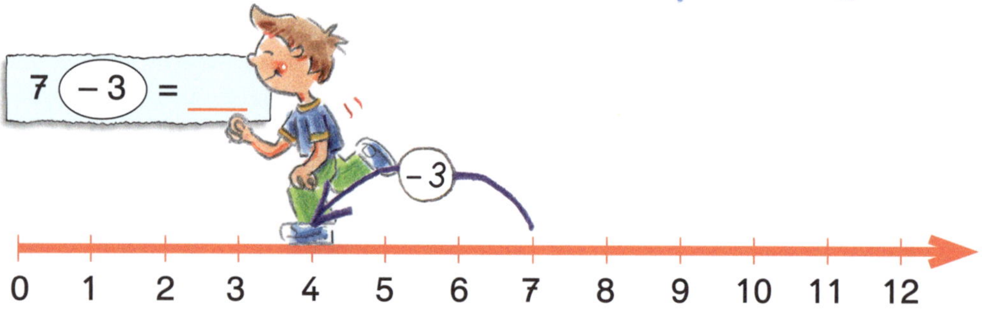

8 (– 4) = ___	6 (– 3) = ___	3 (– 1) = ___
5 (– 4) = ___	4 (– 0) = ___	5 (– 3) = ___
10 (– 2) = ___	9 (– 5) = ___	8 (– 3) = ___
8 (– 6) = ___	7 (– 6) = ___	9 (– 2) = ___

③ Wie wurde gehüpft?

6 (+ 2) = 8　　5 (　) = 2　　1 (　) = 0

4 (　) = 10　　6 (　) = 1　　7 (　) = 3

④ Wie heißt die Startzahl?

6 (+ 2) = 8　　___ (− 1) = 7　　___ (− 4) = 5

___ (+ 1) = 5　　___ (− 4) = 1　　___ (− 6) = 2

___ (+ 3) = 10　　___ (− 3) = 4　　___ (+ 3) = 4

___ (+ 6) = 9　　___ (− 2) = 5　　___ (+ 8) = 10

⑤ Hüpfe vor und wieder zurück.

6 (+ 4) = 10

10 (− 4) = 6

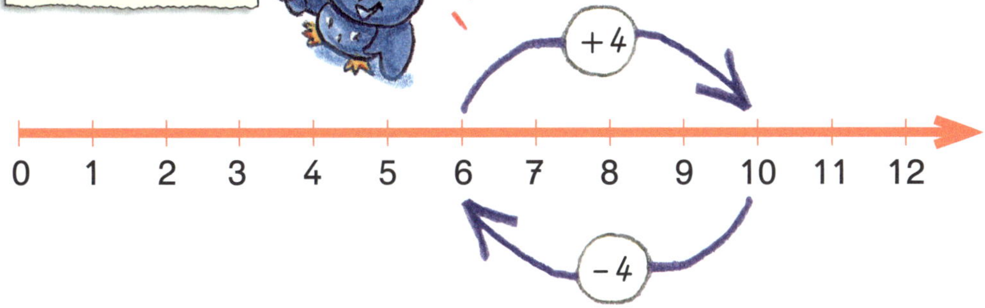

3 (+ 2) = ___　　8 (+ 1) = ___　　2 (+ 5) = ___

5 (− 2) = ___　　9 (− 1) = ___　　___ (− 5) = ___

4 (+ 5) = ___　　1 (+ 7) = ___　　5 (+ 3) = ___

______________　　______________　　______________

3 ——( )——→ 5

① **Zaubere in der gleichen Maschine.**

+2	
3	5
4	
6	
2	

+2	
7	
1	
8	
5	

② **Zaubere in anderen Maschinen.**

+3	
2	
5	
7	
3	

−4	
10	
4	
8	
7	

③ **Wie heißt die Vorschrift?**

3	4
8	
	10
1	

9	2
8	
	0
	3

4	10
3	
	6
2	

5	5
	8
3	
	0

① Finde zu den Zahlen auf den Karten alle 4 Aufgaben.

5 2 7

5 + 2 = 7
2 + 5 = 7
7 − 2 = 5
7 − 5 = ___

1 7 8

1 + 7 = ___
7 + 1 = ___
8 − 1 = ___
8 − ___ = ___

6 3 9

6 + 3 = ___
3 + ___ = ___
9 − 3 = ___
9 − ___ = ___

4 7 3

4 + 3 = ___
3 + ___ = ___
7 − 3 = ___
7 − ___ = ___

2 10 8

2 + ___ = ___
8 + ___ = ___
10 − 8 = ___
___ − ___ = ___

9 4 5

4 + ___ = ___
___ + ___ = ___
9 − ___ = ___
___ − ___ = ___

2 Für Mathe-Super-Stars: Welche Zahl fehlt?

3 ? 5

___ + ___ = ___
___ + ___ = ___
___ − ___ = ___
___ − ___ = ___

___ + ___ = ___
___ + ___ = ___
___ − ___ = ___
___ − ___ = ___

Erzähle.
Verbinde Rechnung und Bild.
Rechne.

8 – 3 = ___

2 + 5 = ___

2 + 4 = ___

6 + 3 = ___

6 – 3 = ___

5 – 1 = ___

Denke dir selbst Rechengeschichten aus. Male Bilder und schreibe die Rechnungen auf.

1 **Verbinde Vorderseite und Rückseite.**

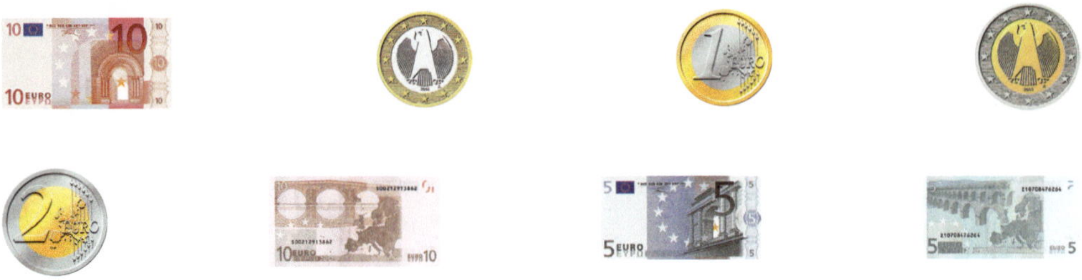

2 **Wie viel Geld ist es?**

___ €

___ €

___ €

3 **Ergänze auf 10 €.**

5 € + ___ € = 10 €

___ € + ___ € = 10 €

___ € + ___ € = 10 €

4 **Wechsle.**

 = ◯

 = ☐

 = ☐

Lösungen Mathe-Stars 1

(zum Heraustrennen die mittlere Klammer lösen)

Zählen und aufschreiben

Wie viele sind es?

	卌 I	6
	III	3
	II	2
	卌 II	7
	卌	5

	IIII	4
	卌 III	8
	卌 卌	10
	卌 卌 I	11
	卌 IIII	9

1 2 3 4 5 6 7 8 9 10

10 9 8 7 6 5 4 3 2 1

Im Regal

Kreuze an ☒.

① **Was ist unter**  **?**

☐ ☒ ☐

② **Was ist unter**  **?**

☐ ☐ ☒

③ **Was ist über**  **?**

☒ ☐ ☐

④ **Was ist über**  **?**

☐ ☐ ☒

⑤ **Was ist zwischen**  **und**  **?**

☐ ☒ ☐

⑥ **Was ist links neben**  **?**

☒ ☐ ☐

⑦ **Was ist rechts neben**  **?**

☐ ☐ ☒

Auf einen Blick

①

5 3 6 4 2 1

②

8 7 9

10 8 9

③

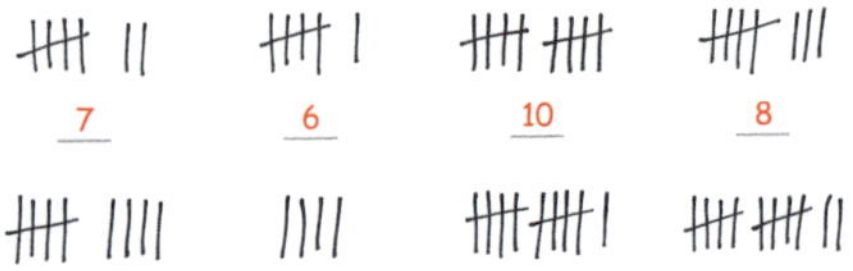

7 6 10 8

9 4 11 12

④

6 10 7 8

⑤ **Verbinde mit dem richtigen Schlüssel.**

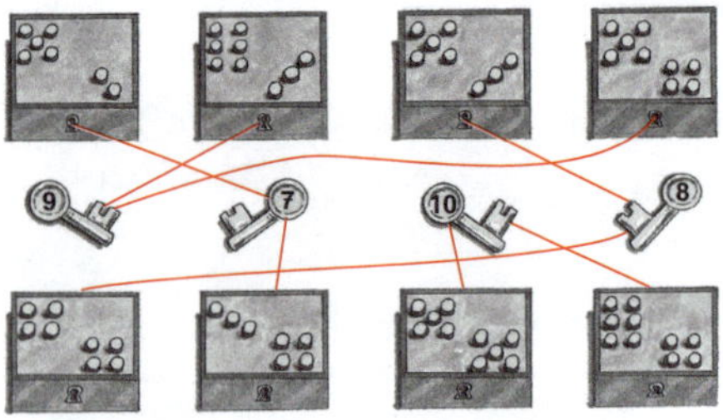

⑥

Zahlen -schnell erkannt

① **Wie viele sind es?**

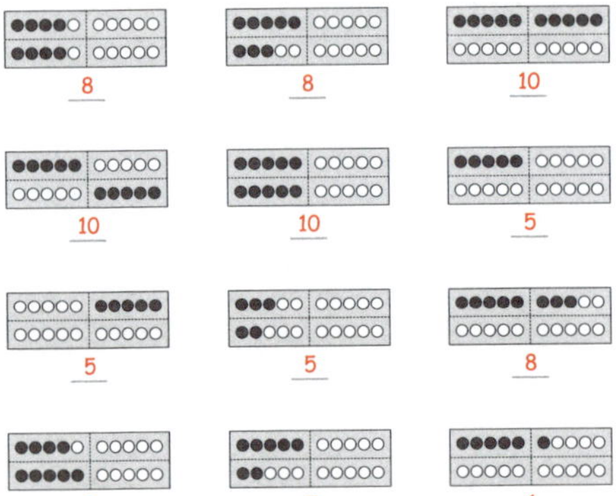

8 8 10

10 10 5

5 5 8

9 7 6

② **Wie viele sind versteckt?**

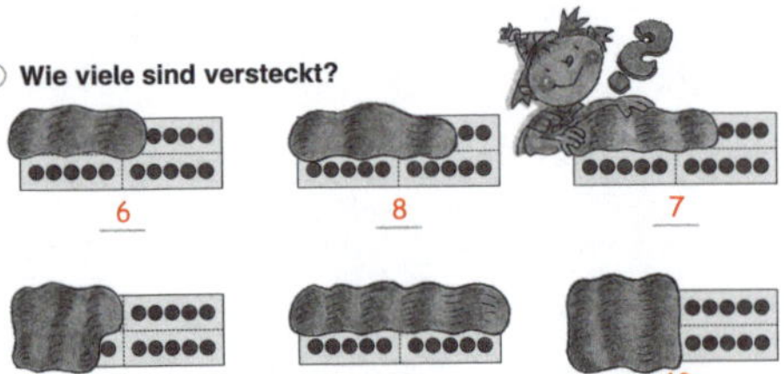

6 8 7

9 10 10

③ **Kreise farbig ein.**

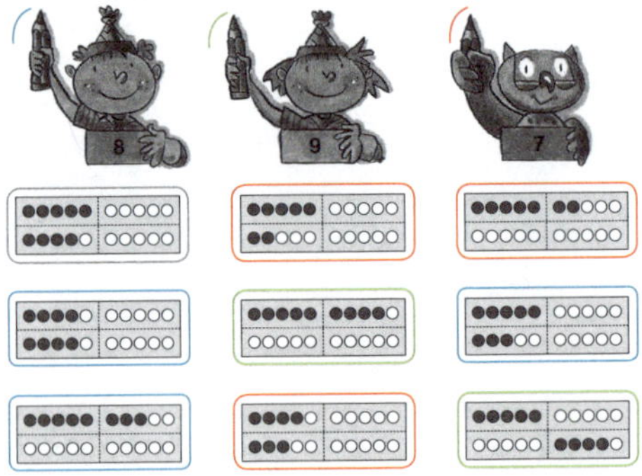

Für Mathe-Super-Stars!

4 **Mehr als 10.**
Wie viele sind es? 14 15 20 16 12 13

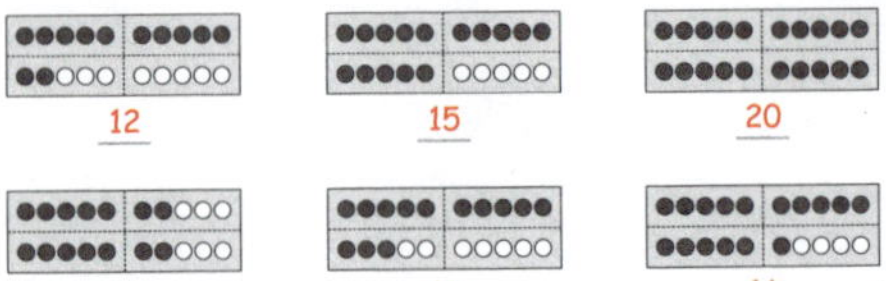

12 15 20

14 13 16

Zahlen zerlegen

①

Immer 7.
4 + 3

7	8	9
4 + 3	4 + 4	5 + 4
1 + 6	5 + 3	3 + 6
2 + 5	7 + 1	4 + 5
5 + 2	2 + 6	1 + 8

②

Immer 5.

5	4	6
2 + 3	3 + 1	2 + 4
4 + 1	2 + 2	4 + 2
1 + 4	1 + 3	5 + 1
3 + 2	0 + 4	3 + 3

③

Ich schüttle.

Ich schreibe auf.

10	10
5 + 5	1 + 9
4 + 6	9 + 1
2 + 8	7 + 3
6 + 4	2 + 8

④

10
0 + 10
1 + 9
2 + 8
3 + 7
4 + 6
5 + 5
6 + 4
7 + 3
8 + 2
9 + 1
10 + 0

Die Zerlegung der 10 musst du besonders gut üben.

⑤

9	7	8
6 + 3	1 + 6	6 + 2
0 + 9	3 + 4	1 + 7
7 + 2	7 + 0	3 + 5
4 + 5	5 + 2	8 + 0

Kleiner – größer – gleich

① **Vergleiche die Türme: < > =**

7 > 5 | 6 < 7 | 5 = 5 | 7 > 6

② **Zeichne die Türme fertig. Setze ein: < > =**

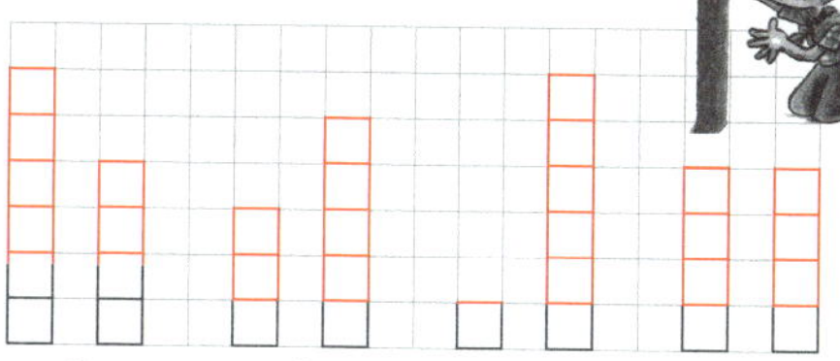

6 > 4 | 3 < 5 | 1 < 6 | 4 = 4

③ **Vergleiche: < > =**

4 < 7	2 < 8	8 > 7
6 > 3	7 = 7	8 < 9
9 > 1	3 < 9	9 > 6
0 < 10	6 > 5	10 > 0

④ **Welche Zahlen passen? Male sie an.**

? < 7: 3 8 6 2

? < 9: 10 8 6 1

? > 5: 3 2 8 6

⑤ **Male alle passenden Felder aus.** ? > 3

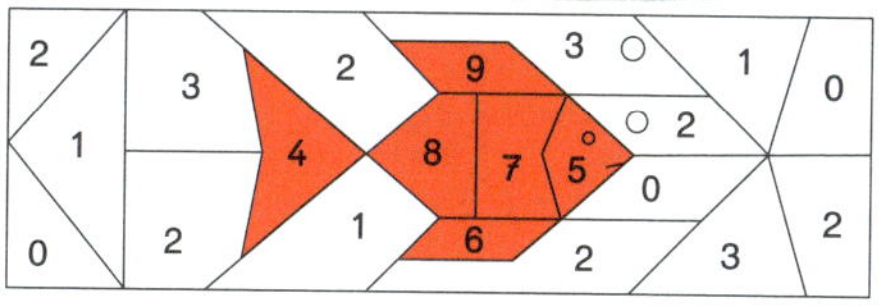

⑥ **Streiche alle Zahlen durch, die nicht passen.**

? < 4: 1 2 3 4 5 6 7 8 9 10

7 > ?: 1 2 3 4 5 6 7 8 9 10

5 > ?: 1 2 3 4 5 6 7 8 9 10

⑦ **Welche Zahlen passen? Male sie an.**

Für Mathe-Super-Stars!

4 < ? < 9

1 2 3 4 5 6 7 8 9

① **Kreuze an ☒.**

Max steht ☐ vor ☐ hinter ☒ zwischen Waldi und Dirk.

Max, Dirk und Laura stehen ☒ vor ☐ hinter ☐ neben den Eltern.

Oma, Opa und Tante Marie stehen ☐ vor ☒ hinter ☐ neben den Eltern.

②

Laura sehe ich ☒ rechts ☐ links von Dirk.

Papa sehe ich ☐ rechts ☒ links von Mama.

Dirk sehe ich ☒ rechts ☐ links von Max.

Oma sehe ich ☐ rechts ☒ links von Opa.

3 Zwischen Opa und Max steht Papa.
Zwischen Waldi und Laura sind Max und Dirk. Alle auf dem Bild schauen zu dir, nur Waldi sieht zur Seite.

① **Wie heißen die Rechnungen?**

a)

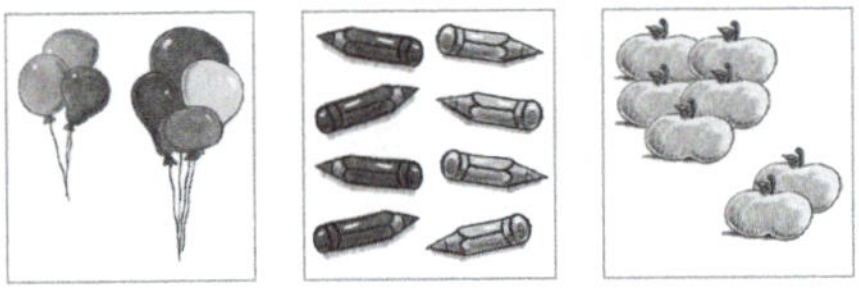

3 + 4 = 7 | 4 + 4 = 8 | 5 + 2 = 7

b)

5 + 3 = 8 | 1 + 4 = 5 | 7 + 2 = 9

5 + 1 = 6 | 8 + 2 = 10 | 4 + 0 = 4

②

2 + 3 = 5	3 + 1 = 4	5 + 1 = 6
2 + 4 = 6	3 + 2 = 5	5 + 2 = 7
2 + 5 = 7	3 + 3 = 6	5 + 3 = 8
2 + 6 = 8	3 + 4 = 7	5 + 4 = 9
2 + 7 = 9	3 + 5 = 8	5 + 5 = 10

③ **Male und rechne.**

a)

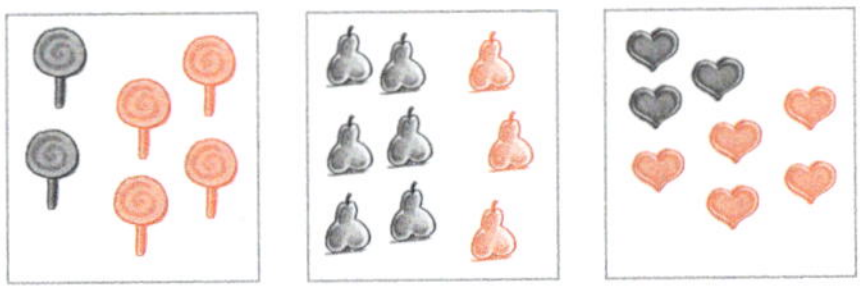

2 + 4 = 6 | 6 + 3 = 9 | 3 + 5 = 8

b)

z. B. 4 + 2 = 6 | z. B. 3 + 6 = 9 | z. B. 5 + 4 = 9

z. B. 2 + 6 = 8 | z. B. 9 + 1 = 10 | z. B. 7 + 2 = 9

④

4 + 0 = 4	1 + 1 = 2	6 + 3 = 9
4 + 2 = 6	1 + 0 = 1	6 + 4 = 10
4 + 4 = 8	1 + 4 = 5	6 + 0 = 6
4 + 6 = 10	1 + 8 = 9	6 + 1 = 7
4 + 5 = 9	1 + 7 = 8	6 + 2 = 8

① **Schreibe immer 2 Aufgaben.**

3 + 2 = 5	6 + 4 = 10	1 + 5 = 6
2 + 3 = 5	4 + 6 = 10	5 + 1 = 6
4 + 3 = 7	2 + 1 = 3	5 + 4 = 9
3 + 4 = 7	1 + 2 = 3	4 + 5 = 9

② **Rechne und schreibe die Tauschaufgabe.**

2 + 5 = 7	6 + 4 = 10	3 + 6 = 9
5 + 2 = 7	4 + 6 = 10	6 + 3 = 9
7 + 1 = 8	4 + 2 = 6	5 + 0 = 5
1 + 7 = 8	2 + 4 = 6	0 + 5 = 5
1 + 8 = 9	4 + 5 = 9	0 + 9 = 9
8 + 1 = 9	5 + 4 = 9	9 + 0 = 9

3 **Für Mathe-Super-Stars!**

3 + 1 + 5 = 9 — 3 + 5 + 1 = 9
1 + 3 + 5 = 9 — 1 + 5 + 3 = 9
5 + 1 + 3 = 9 — 5 + 3 + 1 = 9

① **Ergänze, was fehlt.**

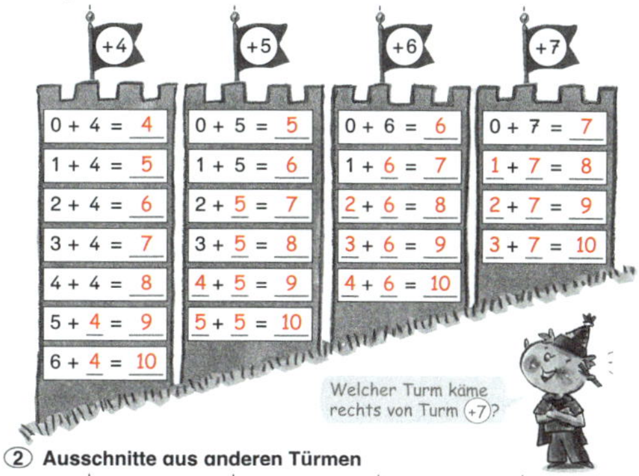

+4	+5	+6	+7
0 + 4 = 4	0 + 5 = 5	0 + 6 = 6	0 + 7 = 7
1 + 4 = 5	1 + 5 = 6	1 + 6 = 7	1 + 7 = 8
2 + 4 = 6	2 + 5 = 7	2 + 6 = 8	2 + 7 = 9
3 + 4 = 7	3 + 5 = 8	3 + 6 = 9	3 + 7 = 10
4 + 4 = 8	4 + 5 = 9	4 + 6 = 10	
5 + 4 = 9	5 + 5 = 10		
6 + 4 = 10			

② **Ausschnitte aus anderen Türmen**

+3	+8	+2	+1
3 + 3 = 6	0 + 8 = 8	6 + 2 = 8	4 + 1 = 5
4 + 3 = 7	1 + 8 = 9	7 + 2 = 9	5 + 1 = 6
5 + 3 = 8	2 + 8 = 10	8 + 2 = 10	6 + 1 = 7

③ **Nachbarn links und rechts**

3 + 4 = 7	3 + 5 = 8	3 + 6 = 9
1 + 5 = 6	1 + 6 = 7	1 + 7 = 8

① **Wie heißen die Rechnungen?**

8 – 2 = 6

7 – 4 = 3

4 – 2 = 2

②

6 – 4 = 2	9 – 3 = 6	7 – 2 = 5
10 – 6 = 4	8 – 6 = 2	9 – 5 = 4
7 – 4 = 3	9 – 4 = 5	10 – 3 = 7

③

9 – 2 = 7	7 – 7 = 0	5 – 0 = 5
9 – 3 = 6	7 – 6 = 1	5 – 1 = 4
9 – 4 = 5	7 – 5 = 2	5 – 2 = 3
9 – 5 = 4	7 – 4 = 3	5 – 3 = 2
9 – 6 = 3	7 – 3 = 4	5 – 4 = 1

④ **Wie heißen die Aufgaben?**

9 – 7 = 2

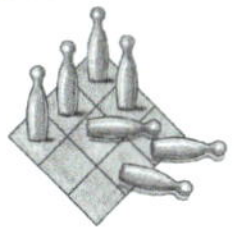
7 – 3 = 4

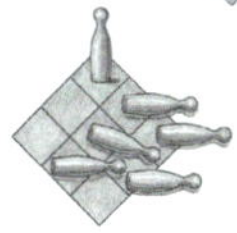
6 – 5 = 1

⑤ **Zeichne und rechne.**

z. B. 5 – 2 = 3	z. B. 10 – 7 = 3	z. B. 8 – 4 = 4
z. B. 6 – 1 = 5	z. B. 9 – 6 = 3	z. B. 7 – 5 = 2
z. B. 10 – 6 = 4	z. B. 8 – 6 = 2	z. B. 9 – 0 = 9

⑥

8 – 7 = 1	6 – 5 = 1	10 – 6 = 4
8 – 5 = 3	6 – 2 = 4	10 – 9 = 1
8 – 3 = 5	6 – 6 = 0	10 – 7 = 3
8 – 1 = 7	6 – 4 = 2	10 – 4 = 6
8 – 0 = 8	6 – 3 = 3	10 – 5 = 5

① **Ergänze, was fehlt.**

−4	−5	−6	−7
4 − 4 = 0			
5 − 4 = 1	5 − 5 = 0		
6 − 4 = 2	6 − 5 = 1	6 − 6 = 0	
7 − 4 = 3	7 − 5 = 2	7 − 6 = 1	7 − 7 = 0
8 − 4 = 4	8 − 5 = 3	8 − 6 = 2	8 − 7 = 1
9 − 4 = 5	9 − 5 = 4	9 − 6 = 3	9 − 7 = 2
10 − 4 = 6	10 − 5 = 5	10 − 6 = 4	10 − 7 = 3

② **Ausschnitte aus anderen Türmen**

−8	−2	−3	−1
8 − 8 = 0	4 − 2 = 2	7 − 3 = 4	8 − 1 = 7
9 − 8 = 1	5 − 2 = 3	8 − 3 = 5	9 − 1 = 8
10 − 8 = 2	6 − 2 = 4	9 − 3 = 6	10 − 1 = 9

③ **Nachbarn links und rechts**

8 − 4 = 4	8 − 5 = 3	8 − 6 = 2
7 − 5 = 2	7 − 6 = 1	7 − 7 = 0

Die Nachbarn findest du oben in den Türmen.

① **Welcher Ball gehört in welchen Korb? Färbe.**

② **Vergleiche: ⊘ ⊘ ⊜**

8 − 5 < 4	7 − 4 < 5	9 − 5 < 7
6 − 3 = 3	5 − 2 = 3	6 − 2 > 1
9 − 2 > 5	8 − 1 = 7	7 − 5 > 0
10 − 6 > 2	4 − 3 < 2	3 − 3 = 0

③ **Gleiches Ergebnis – gleiche Farbe**

10 − 0	4 + 2	9 − 1	10 − 4	7 + 3
5 + 3	7 − 2	9 + 1	9 − 4	10 − 2

4 **Vergleiche: ⊘ ⊘ ⊜**

Für Mathe-Super-Stars!

8 − 3 < 6 + 1	4 + 2 < 10 − 3
2 + 5 = 9 − 2	7 − 4 > 8 − 6

Setze fort.

① **Streiche durch, was nicht in den Sack gehört.**

② **Fahre nach.** △ grün, ○ rot, □ blau

Hüpfen auf dem Zahlenstrahl

① **Wie heißt die Zielzahl?**

3 (+6) = 9

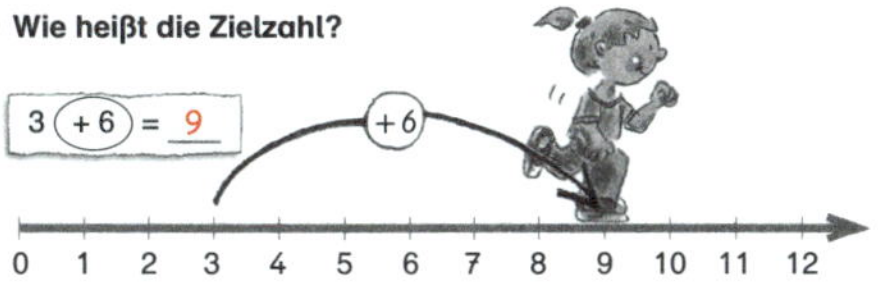

2 (+4) = 6	8 (+2) = 10	7 (+3) = 10
6 (+2) = 8	9 (+1) = 10	4 (+2) = 6
1 (+5) = 6	0 (+5) = 5	8 (+1) = 9
3 (+7) = 10	5 (+3) = 8	6 (+1) = 7

② **Wie heißt die Zielzahl?**

7 (−3) = 4

8 (−4) = 4	6 (−3) = 3	3 (−1) = 2
5 (−4) = 1	4 (−0) = 4	5 (−3) = 2
10 (−2) = 8	9 (−5) = 4	8 (−3) = 5
8 (−6) = 2	7 (−6) = 1	9 (−2) = 7

③ **Wie wurde gehüpft?**

6 (+2) = 8	5 (−3) = 2	1 (−1) = 0
4 (+6) = 10	6 (−5) = 1	7 (−4) = 3

④ **Wie heißt die Startzahl?**

6 (+2) = 8	8 (−1) = 7	9 (−4) = 5
4 (+1) = 5	5 (−4) = 1	8 (−6) = 2
7 (+3) = 10	7 (−3) = 4	1 (+3) = 4
3 (+6) = 9	7 (−2) = 5	2 (+8) = 10

⑤ **Hüpfe vor und wieder zurück.**

6 (+4) = 10
10 (−4) = 6

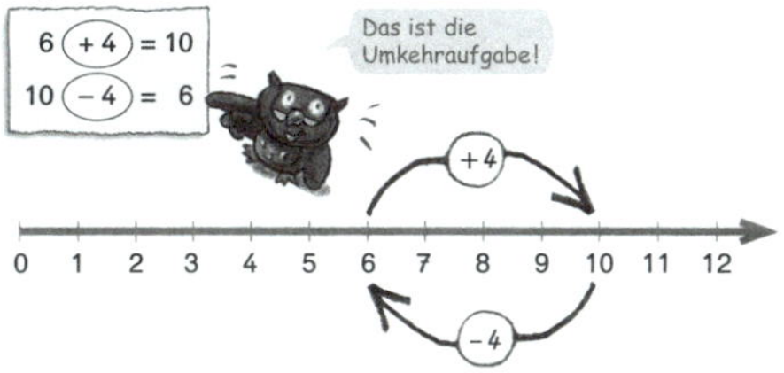

3 (+2) = 5	8 (+1) = 9	2 (+5) = 7
5 (−2) = 3	9 (−1) = 8	7 (−5) = 2
4 (+5) = 9	1 (+7) = 8	5 (+3) = 8
9 (−5) = 4	8 (−7) = 1	8 (−3) = 5

Vorher – nachher

3 —(+2)→ 5

① **Zaubere in der gleichen Maschine.**

+2	
3	5
4	6
6	8
2	4

+2	
7	9
1	3
8	10
5	7

② **Zaubere in anderen Maschinen.**

+3	
2	5
5	8
7	10
3	6

−4	
10	6
4	0
8	4
7	3

③ **Wie heißt die Vorschrift?**

+1	
3	4
8	9
9	10
1	2

−7	
9	2
8	1
7	0
10	3

+6	
4	10
3	9
0	6
2	8

+0	
5	5
8	8
3	3
0	0

3 Zahlen – 4 Aufgaben

① **Finde zu den Zahlen auf den Karten alle 4 Aufgaben.**

5 2 7	1 7 8	6 3 9
5 + 2 = 7	1 + 7 = 8	6 + 3 = 9
2 + 5 = 7	7 + 1 = 8	3 + 6 = 9
7 − 2 = 5	8 − 1 = 7	9 − 3 = 6
7 − 5 = 2	8 − 7 = 1	9 − 6 = 3

4 7 3	2 10 8	9 4 5
4 + 3 = 7	2 + 8 = 10	4 + 5 = 9
3 + 4 = 7	8 + 2 = 10	5 + 4 = 9
7 − 3 = 4	10 − 8 = 2	9 − 4 = 5
7 − 4 = 3	10 − 2 = 8	9 − 5 = 4

② **Für Mathe-Super-Stars: Welche Zahl fehlt?**

3 ? 5

3 + 2 = 5	5 + 3 = 8
2 + 3 = 5	3 + 5 = 8
5 − 3 = 2	8 − 3 = 5
5 − 2 = 3	8 − 5 = 3

Welche Rechnung passt?

Erzähle.
Verbinde Rechnung und Bild.
Rechne.

8 − 3 = 5

2 + 5 = 7

2 + 4 = 6

6 + 3 = 9

6 − 3 = 3

5 − 1 = 4

Denke dir selbst Rechengeschichten aus. Male Bilder und schreibe die Rechnungen auf.

Mit dem Euro knobeln und rechnen

① Verbinde Vorderseite und Rückseite.

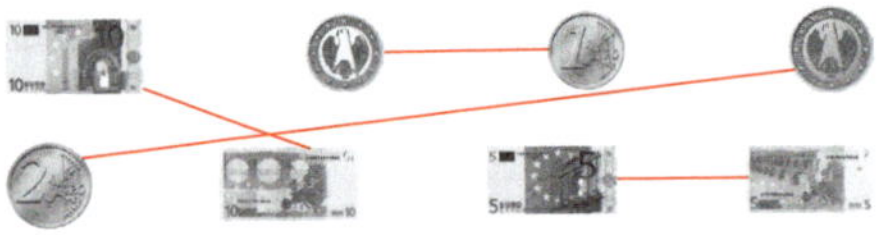

② Wie viel Geld ist es?

7 €   8 €   3 €

③ Ergänze auf 10 €.

5 € + 5 € = 10 €   8 € + 2 € = 10 €   4 € + 6 € = 10 €

④ Wechsle.

= 2 €

= 5 €

= 10 €

⑤ In welche Münzen wurde gewechselt?

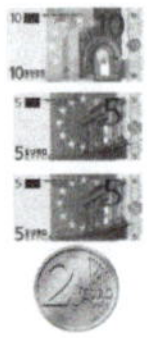

= 2 € 2 € 2 € 2 € 2 €
= 2 € 2 € 1 €
= 2 € 1 € 1 € 1 €
= 1 € 1 €

⑥ Vergleiche: < > =

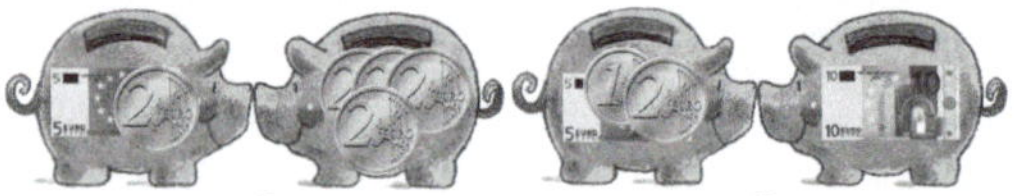

7 € < 8 €   8 € < 10 €

⑦ Rechne.

2 € + 3 € = 5 €	10 € − 5 € = 5 €
5 € + 4 € = 9 €	5 € − 2 € = 3 €
4 € + 2 € = 6 €	6 € − 3 € = 3 €
8 € + 1 € = 9 €	8 € − 7 € = 1 €

⑧ 4 € + 3 € + 2 € + 1 € = 10 €
5 € + 2 € + 1 € + 2 € = 10 €
1 € + 3 € + 5 € = 9 €
4 € + 2 € + 2 € = 8 €

① **Wie viel müssen die Kinder bezahlen?**

Jonathan kauft:

2 € + 4 € = 6 €

Katharina kauft:

1 € + 8 € = 9 €

Florian kauft:

3 € + 7 € = 10 €

Anna kauft:

3 € + 2 € = 5 €

Pia kauft:

4 € + 1 € = 5 €

Carolin kauft:

1 € + 3 € = 4 €

② **Wofür bezahlst du 6 €? Kreuze an ☒.**

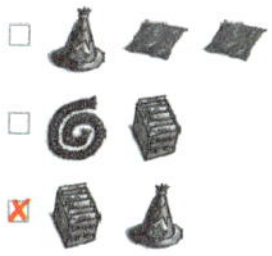

③ **Wofür bezahlst du 7 €? Kreuze an ☒.**

④ **Wie viel bekommst du zurück?**

Ich kaufe	Ich gebe	Rückgeld
		2 €
	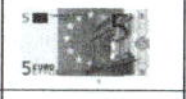	1 €
		3 €
		2 €
		1 €

⑤ Magdalena kauft die Zauberkarten. Sie bezahlt mit einem 10-€-Schein.

Wie viel bekommt sie zurück? 10 € - 4 € = 6 €

Sie bekommt 6 € zurück.

⑥ **Kaufe mehrere Dinge.**

Ich kaufe	Ich gebe	Rückgeld
		1 €
		0 €
		1 €

Verbinde die Rechnung mit dem passenden Bild.

①

5 + 5 = 10

②

6 – 1 = 5

③

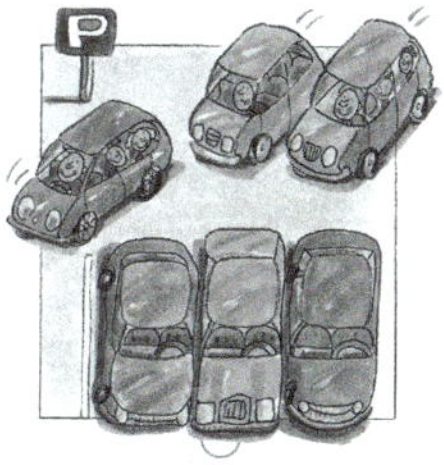

4 + 4 = 8

④

8 – 2 = 6

Für Mathe-Super-Stars!

5 **Schreibe für jedes übrige Bild die passende Rechnung.**

① 5 + 2 = 7 ③ 3 + 3 = 6

② 8 - 2 = 6 ④ 6 - 2 = 4

① **Welcher Wohnwagen gehört zu welchem Auto? Verbinde.**

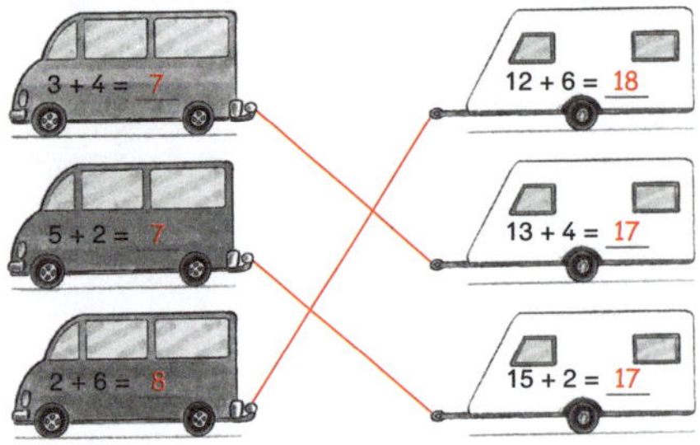

② **Schreibe die kleine Aufgabe dazu. Rechne.**

14 + 3 = 17
4 + 3 = 7

12 + 5 = 17
2 + 5 = 7

15 + 4 = 19
5 + 4 = 9

11 + 8 = 19
1 + 8 = 9

13 + 7 = 20
3 + 7 = 10

17 + 3 = 20
7 + 3 = 10

③ **Denke an die kleine Aufgabe.**

16 + 2 = 18	15 + 3 = 18	11 + 6 = 17	14 + 3 = 17
12 + 6 = 18	18 + 2 = 20	15 + 4 = 19	12 + 7 = 19
13 + 4 = 17	14 + 5 = 19	17 + 2 = 19	16 + 4 = 20

④ **Verbinde.**

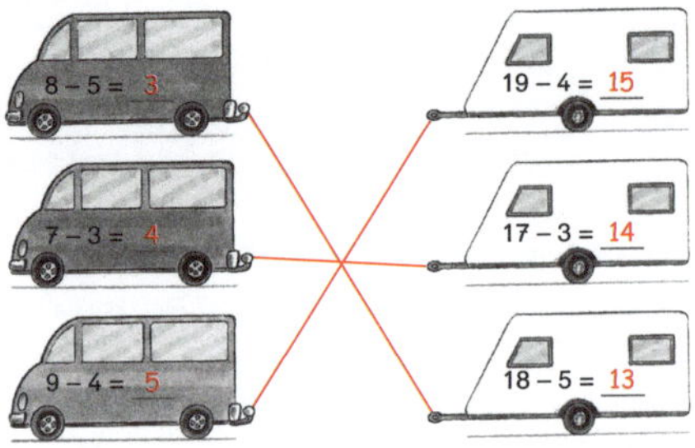

⑤ **Schreibe die kleine Aufgabe dazu. Rechne.**

14 – 3 = 11
4 – 3 = 1

15 – 2 = 13
5 – 2 = 3

18 – 6 = 12
8 – 6 = 2

19 – 5 = 14
9 – 5 = 4

17 – 4 = 13
7 – 4 = 3

16 – 6 = 10
6 – 6 = 0

⑥ **Denke an die kleine Aufgabe.**

19 – 2 = 17	16 – 4 = 12	14 – 3 = 11	16 – 2 = 14
17 – 5 = 12	13 – 3 = 10	19 – 7 = 12	15 – 4 = 11
18 – 3 = 15	17 – 6 = 11	18 – 5 = 13	19 – 3 = 16

①

7 + 5 = 12
7 + 3 + 2 = 12

8 + 6 = 14
8 + 2 + 4 = 14

6 + 7 = 13
6 + 4 + 3 = 13

7 + 4 = 11
7 + 3 + 1 = 11

9 + 7 = 16
9 + 1 + 6 = 16

8 + 7 = 15
8 + 2 + 5 = 15

② 5 + 6 = 11
5 + 5 + 1 = 11

8 + 4 = 12
8 + 2 + 2 = 12

9 + 3 = 12
9 + 1 + 2 = 12

6 + 8 = 14
6 + 4 + 4 = 14

9 + 6 = 15
9 + 1 + 5 = 15

5 + 9 = 14
5 + 5 + 4 = 14

8 + 9 = 17
8 + 2 + 7 = 17

2 + 9 = 11
2 + 8 + 1 = 11

7 + 8 = 15
7 + 3 + 5 = 15

③

6 + 5 = 11	7 + 6 = 13	6 + 9 = 15
8 + 5 = 13	5 + 8 = 13	9 + 2 = 11
9 + 4 = 13	9 + 8 = 17	5 + 7 = 12

④

13 – 5 = 8
13 – 3 – 2 = 8

15 – 6 = 9
15 – 5 – 1 = 9

12 – 4 = 8
12 – 2 – 2 = 8

11 – 3 = 8
11 – 1 – 2 = 8

14 – 5 = 9
14 – 4 – 1 = 9

16 – 7 = 9
16 – 6 – 1 = 9

⑤ 13 – 6 = 7
13 – 3 – 3 = 7

11 – 4 = 7
11 – 1 – 3 = 7

15 – 8 = 7
15 – 5 – 3 = 7

14 – 6 = 8
14 – 4 – 2 = 8

12 – 3 = 9
12 – 2 – 1 = 9

16 – 9 = 7
16 – 6 – 3 = 7

11 – 7 = 4
11 – 1 – 6 = 4

13 – 8 = 5
13 – 3 – 5 = 5

12 – 9 = 3
12 – 2 – 7 = 3

⑥

11 – 5 = 6	15 – 9 = 6	12 – 7 = 5
15 – 7 = 8	11 – 6 = 5	17 – 8 = 9
17 – 9 = 8	13 – 7 = 6	12 – 8 = 4

① **Verdoppeln**

a)

5 + 5 = 10

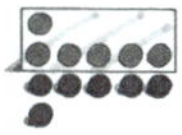

6 + 6 = 12

8 + 8 = 16

b) 2 + 2 = 4   4 + 4 = 8   6 + 6 = 12   9 + 9 = 18

7 + 7 = 14   0 + 0 = 0   8 + 8 = 16   10 + 10 = 20

c)

Zahl	3	6	1	10	5	7	9	2	0	4	8
das Doppelte	6	12	2	20	10	14	18	4	0	8	16

② **Halbieren**

a)

8 = 4 + 4

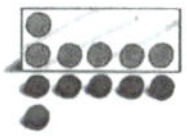

12 = 6 + 6

14 = 7 + 7

b) 6 = 3 + 3   4 = 2 + 2   20 = 10 + 10

2 = 1 + 1   10 = 5 + 5   14 = 7 + 7

c)

Zahl	8	2	6	10	16	0	20	18	4	14	12
die Hälfte	4	1	3	5	8	0	10	9	2	7	6

Setze die Muster fort.

①

5 + 9 = 14
5 + 10 − 1 = 14
Nahe an der 10

4 + 13 = 17
13 + 4 = 17
Tauschaufgabe

8 + 6 = 14
8 + 2 + 4 = 14
Zur 10 und dann weiter

7 + 8 = 15
7 + 7 + 1 = 15
Nachbaraufgabe

② **Rechne auf deinem Weg.**

3 + 8 = 11   8 + 9 = 17   8 + 7 = 15

6 + 7 = 13   7 + 9 = 16   8 + 4 = 12

5 + 8 = 13   5 + 12 = 17   7 + 6 = 13

8 + 6 = 14   9 + 7 = 16   4 + 15 = 19

3 + 9 = 12   6 + 8 = 14   9 + 6 = 15

③

13 − 9 = 4
13 − 10 + 1 = 4
Nahe an der 10

18 − 9 = 9
18 = 9 + 9
Die Hälfte

14 − 6 = 8
14 − 4 − 2 = 8
Zur 10 und dann weiter

④ **Rechne auf deinem Weg.**

12 − 9 = 3   17 − 8 = 9   14 − 6 = 8

14 − 7 = 7   12 − 5 = 7   16 − 8 = 8

12 − 6 = 6   15 − 9 = 6   13 − 5 = 8

15 − 8 = 7   14 − 9 = 5   14 − 8 = 6

18 − 9 = 9   16 − 7 = 9   13 − 7 = 6

18 (- 2) = 16

① **Was wurde gezaubert?**

16 (- 5) = 11	13 (+ 5) = 18	15 (+ 4) = 19
14 (+ 2) = 16	12 (+ 3) = 15	12 (- 2) = 10
17 (- 2) = 15	16 (+ 4) = 20	18 (- 6) = 12
19 (- 8) = 11	20 (- 7) = 13	14 (+ 4) = 18

② **Schreibe die Rechnung dazu.**

Ich habe 17 Murmeln in meinem Sack.		Jetzt sind es 13.	17 (- 4) = 13
Ich habe 12 Murmeln in meinem Sack.		Jetzt sind es 18.	12 (+ 6) = 18
Ich habe 14 Murmeln in meinem Sack.		Jetzt sind es 10.	14 (- 4) = 10

17 + 2 = 19

③ **Wie viele Murmeln waren am Anfang im Sack?**

12 + 5 = 17	13 + 7 = 20	12 + 4 = 16
13 + 5 = 18	16 + 4 = 20	13 + 6 = 19

④ **Wie viele Murmeln waren am Anfang im Sack?**

18 − 5 = 13	17 − 2 = 15	18 − 1 = 17
20 − 6 = 14	19 − 2 = 17	20 − 7 = 13

⑤ **Schreibe die Rechnung dazu.**

	Ich gebe 5 Murmeln dazu.	Jetzt sind es 19.	14 + 5 = 19
	Ich nehme 3 Murmeln heraus.	Jetzt sind es 14.	17 - 3 = 14
	Ich nehme 1 Murmel heraus.	Jetzt sind es 18.	19 - 1 = 18

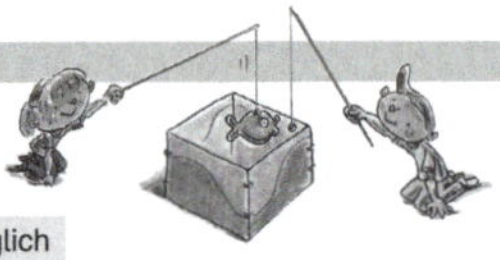

unmöglich | unwahrscheinlich | sicher | wahrscheinlich | möglich

① **Lea möchte einen roten Fisch angeln.**
Verbinde: Bei welcher Schachtel ist das …

② **Paul angelt einen Fisch.**
Verbinde mit den richtigen Schachteln.

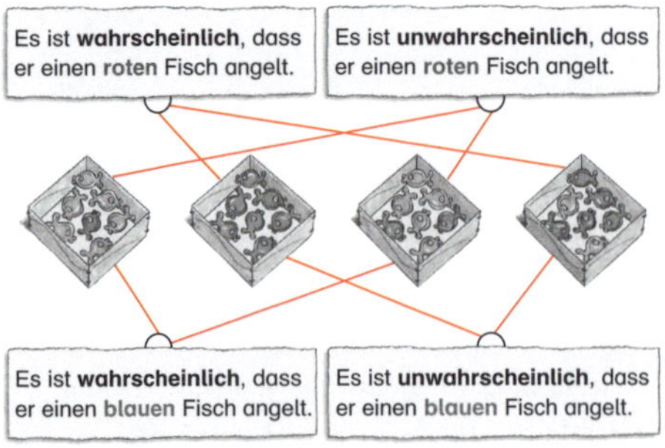

③ **Lea angelt einen Fisch. Kreuze an ☒.**

- ☐ Es ist **sicher**, dass sie einen **roten** Fisch angelt.
- ☒ Es ist **möglich**, dass sie einen **blauen** Fisch angelt.
- ☒ Es ist **wahrscheinlich**, dass sie einen **blauen** Fisch angelt.
- ☐ Es ist **sicher**, dass sie einen **blauen** Fisch angelt.

④ **Paul angelt einen Fisch. Kreuze an ☒.**

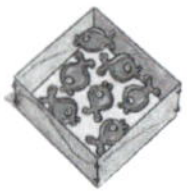

- ☒ Es ist **sicher**, dass er einen **roten** Fisch angelt.
- ☐ Es ist **unmöglich**, dass er einen **roten** Fisch angelt.
- ☐ Es ist **möglich**, dass er einen **blauen** Fisch angelt.
- ☒ Es ist **unmöglich**, dass er einen **blauen** Fisch angelt.

5 **Färbe die Fische so, dass die Aussage jeweils stimmt.**

sicher rot	unmöglich rot	wahrscheinlich rot
	z. B	z. B

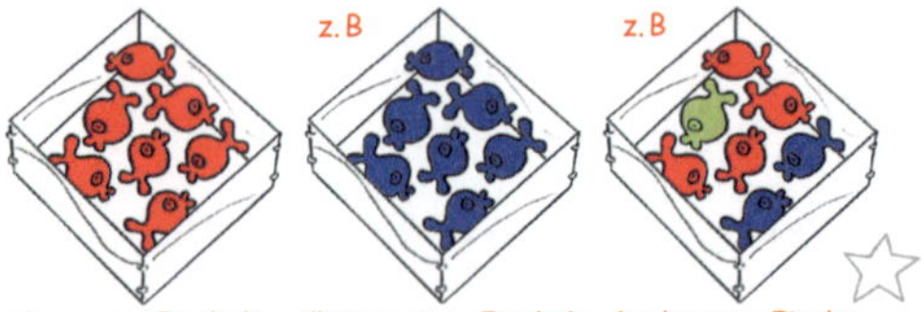

(nur rote Fische)	(keine roten Fische)	(mehr rote Fische als andere)

① **Verbinde Vorderseite und Rückseite.**

② **Wie viel Geld ist es?**

4 ct — 17 ct — 6 ct

6 ct — 15 ct — 13 ct

③ **Wechsle.**

 = 2 ct

 = 5 ct

 = 20 ct

 = 10 ct

 = 20 ct

 = 10 ct

④ **In welche Münzen wurde gewechselt?**

= 5 ct 5 ct 5 ct 5 ct

= 10 ct 5 ct 5 ct

= 5 ct 2 ct 2 ct 1 ct

= 1 ct 1 ct 1 ct 1 ct 1 ct

⑤ **Vergleiche:** < > =

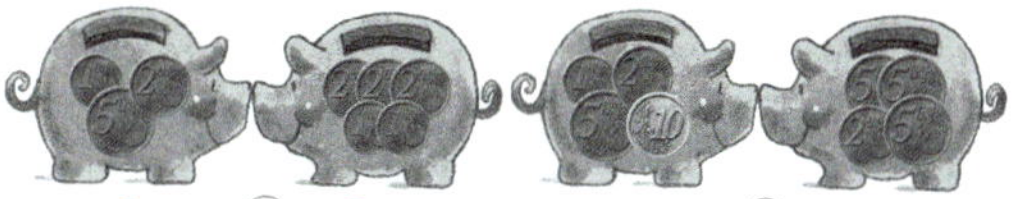

8 ct = 8 ct — 18 ct > 17 ct

⑥ **Rechne.**

2 ct + 1 ct = 3 ct
15 ct + 2 ct = 17 ct
4 ct + 12 ct = 16 ct
2 ct + 6 ct = 8 ct

10 ct + 5 ct = 15 ct
5 ct + 7 ct = 12 ct
9 ct + 3 ct = 12 ct
7 ct + 8 ct = 15 ct

⑦ 4 ct + 3 ct + 7 ct + 1 ct = 15 ct
2 ct + 5 ct + 11 ct + 1 ct = 19 ct
12 ct + 1 ct + 5 ct = 18 ct
8 ct + 2 ct + 5 ct = 15 ct

①

7 + 4 = 11

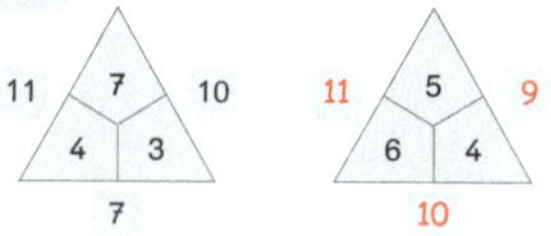

②

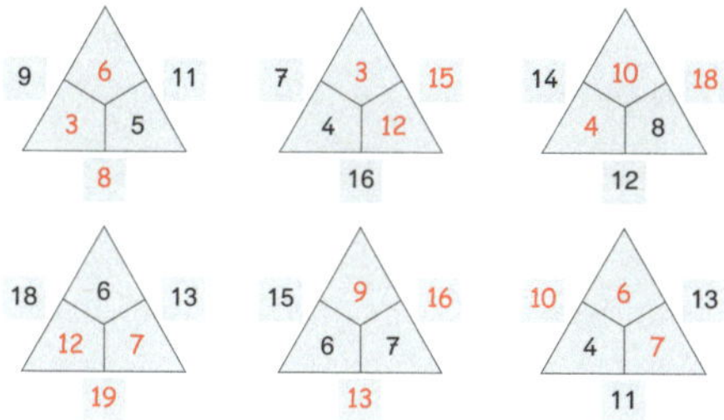

Für Mathe-Super-Stars!

3 **Bei jedem Rechendreieck ist nur eine Zahl falsch. Verbessere.**

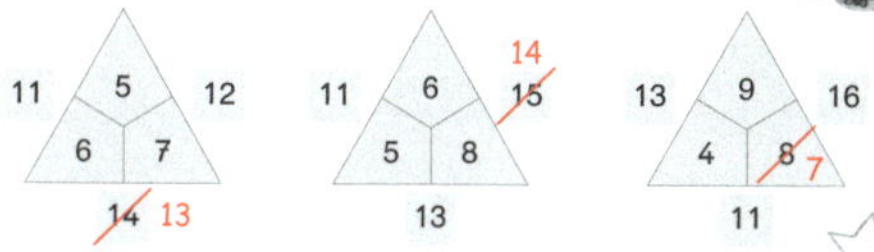

Kreise im unteren Bild die 6 Fehler ein.

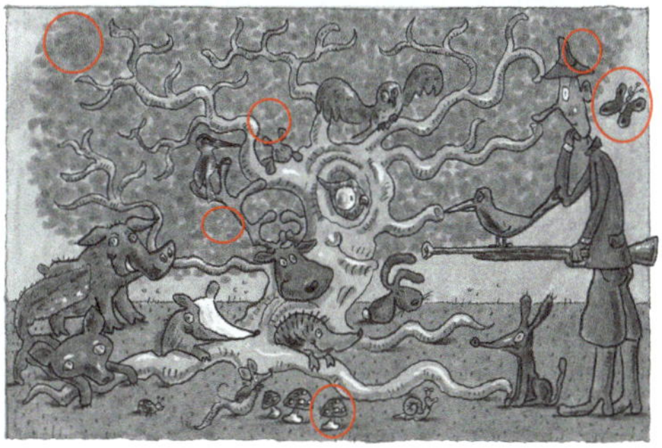

Zu jeder Geschichte gehören ein Bild und eine Rechnung. Verbinde.

Auf dem Parkplatz stehen schon 8 Autos.
3 Autos kommen noch dazu.

Auf dem Parkplatz standen 9 Autos.
Jetzt fahren 2 Autos weg.

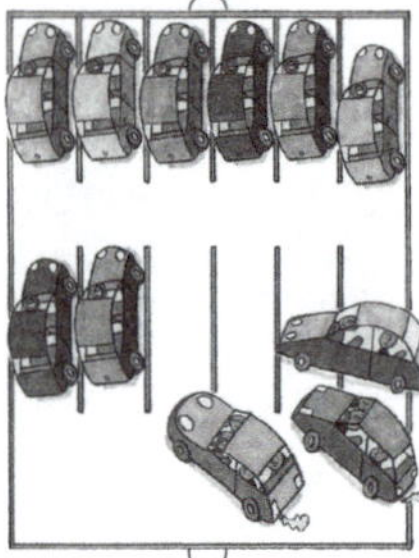

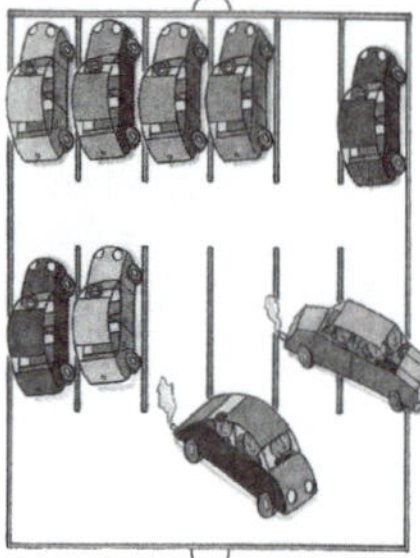

9 + 2 = 11

9 – 2 = 7

8 + 3 = 11

8 – 3 = 5

Im Schulbus sitzen bereits 12 Kinder.
4 Kinder steigen noch ein.

Im Schulbus waren 19 Kinder.
8 Kinder steigen an der Grundschule aus.

12 + 4 = 16

12 – 4 = 8

9 + 8 = 17

19 – 8 = 11

Löse auch die übrigen Rechnungen. Erzähle Geschichten und male Bilder.

① **Rechne.**

13		
6	7	
2	4	3

9		
6	3	
5	1	2

18		
10	8	
4	6	2

② **Gleiche Grundsteine – verschiedene Mauern**

12		
5	7	
2	3	4

13		
7	6	
3	4	2

11		
5	6	
3	2	4

13		
6	7	
2	4	3

12		
7	5	
4	3	2

11		
6	5	
4	2	3

③ **Welche Zahlen fehlen?**

20		
10	10	
6	4	6

15		
7	8	
3	4	4

12		
4	8	
1	3	5

① **Setze die Folgen fort.**

0, 3, 6, 9, 12, 15, 18, 21, 24

20, 18, 16, 14, 12, 10, 8, 6, 4

0, 5, 10, 15, 20, 25, 30

20, 17, 14, 11, 8, 5, 2

② **Rechne aus und setze fort.**

4 + 6 = 10	5 + 5 = 10	13 – 3 = 10	16 – 7 = 9
4 + 7 = 11	6 + 5 = 11	12 – 3 = 9	16 – 8 = 8
4 + 8 = 12	7 + 5 = 12	11 – 3 = 8	16 – 9 = 7
4 + 9 = 13	8 + 5 = 13	10 - 3 = 7	16 - 10 = 6

6 + 7 = 13	8 + 6 = 14	15 – 5 = 10	14 – 7 = 7
7 + 7 = 14	8 + 5 = 13	14 – 5 = 9	14 – 8 = 6
8 + 7 = 15	8 + 4 = 12	13 – 5 = 8	14 – 9 = 5
9 + 7 = 16	8 + 3 = 11	12 - 5 = 7	14 - 10 = 4

③ **Rechne geschickt.**

4 + 7 + 6 = 17	8 + 4 + 6 = 18	17 – 7 – 4 = 6
8 + 6 + 2 = 16	3 + 9 + 7 = 19	17 – 9 – 7 = 1
8 + 7 + 3 = 18	7 + 6 + 4 = 17	16 – 8 – 6 = 2

Lesen – erzählen – rechnen – antworten

Lies die Geschichte und erzähle zum Bild.
Löse die Aufgabe.

① Thomas hat 14 € gespart.
Seine Tante schenkt ihm noch 5 €.
Wie viel Geld hat er jetzt?

Rechnung: 14 € + 5 € = 19 €

Antwort: Er hat jetzt 19 €.

② Auf dem Flohmarkt verkauft Michael ein Spiel für 4 €, ein Buch für 3 € und Schlittschuhe für 8 €.
Wie viel Geld hat er eingenommen?

Rechnung: 4 € + 3 € + 8 € = 15 €

Antwort: Er hat 15 € eingenommen.

③ Clara kauft sich ein Taschenbuch für 9 €.
Sie bezahlt mit einem 20-€-Schein.
Wie viel Geld bekommt sie zurück?

Rechnung: 20 € - 9 € = 11 €

Antwort: Sie bekommt 11 € zurück.

④ Sabine hat eine Schachtel mit 12 Schokoküssen.
Nach einer Woche sind noch 5 Schokoküsse in der Schachtel.
Wie viele hat sie schon gegessen?

Rechnung: 12 - 7 = 5

Antwort: Sie hat 7 Schokoküsse gegessen.

Für Mathe-Super-Stars!

⑤ Florian verteilt an seinem Geburtstag eine Schachtel mit 12 Schokoküssen und eine Schachtel mit 8 Schokoküssen.

a) Wie viele Schokoküsse hat er verteilt?

Rechnung: 12 + 8 = 20

Antwort: Er hat 20 Schokoküsse verteilt.

b) Jedes Kind hat 2 Schokoküsse bekommen.
Wie viele Kinder waren es?

Rechnung:

2 + 2 + 2 + 2 = 8 (4 Kinder)
2 + 2 + 2 + 2 + 2 + 2 = 12 (6 Kinder)
4 + 6 = 10

Antwort: Es waren 10 Kinder.

Welche Rechenfrage und Rechnung passt?

Finde die Rechenfrage und die passende Rechnung.
Kreuze an ☒ und rechne.

① 16 Kinder warten bereits in der Turnhalle, 2 Kinder ziehen sich noch um.

- ☐ Wie viele Jungen sind in der Turnhalle?
- ☒ Wie viele Kinder sind es insgesamt?
- ☐ Wie viele Kinder sind heute krank?

☒ 16 + 2 = 18 ☐ 16 – 2 = ___ ☐ 10 + 6 = ___

② Für den Schwimmunterricht wurden insgesamt 18 Kinder angemeldet.
Heute fehlen aber 3 Mädchen.

- ☐ Wie lange dauert der Schwimmunterricht?
- ☐ Wie viele Kinder können schwimmen?
- ☒ Wie viele Kinder nehmen heute am Schwimmunterricht teil?

☐ 18 + 3 = ___ ☒ 18 – 3 = 15 ☐ 18 – 8 = ___

③ Am Klettergerüst turnen 7 Kinder,
4 Kinder sind an der Schaukel,
5 Kinder warten an der Rutsche.

- ☐ Wie viele Kinder sind im Sandkasten?
- ☒ Wie viele Kinder sind auf dem Spielplatz?
- ☐ Wie alt sind die Kinder?

☒ 7 + 4 + 5 = 16 ☐ 7 – 4 = ___
☐ 5 + 7 = ___

④ 15 Kinder treffen sich um 15 Uhr zum Fußball-Training.
4 Kinder werden um 16 Uhr abgeholt,
2 Kinder gehen um 16.30 Uhr zum Bus.
Alle anderen Kinder trainieren bis 17 Uhr.

- ☒ Wie viele Kinder bleiben bis 17 Uhr?
- ☐ Wie heißt der Fußballverein?
- ☐ Wie viele Mädchen spielen mit?

☐ 15 + 4 + 2 = ___
☐ 15 – 4 – 5 = ___
☒ 15 – 4 – 2 = 9

① **Kennst du beide Uhrzeiten?**

☀ 11 Uhr	☀ 14 Uhr	☀ 7 Uhr	☀ 10 Uhr
☾ 23 Uhr	☾ 2 Uhr	☾ 19 Uhr	☾ 22 Uhr

② **Trage die Zeiger in die Uhr ein.**

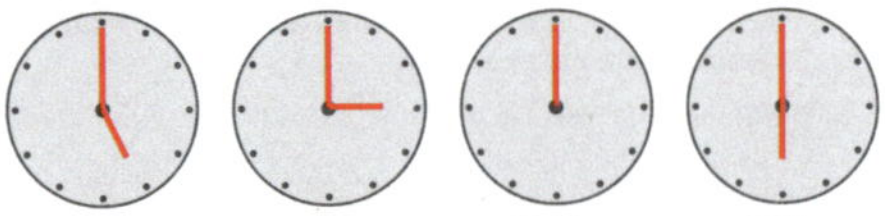

17 Uhr 3 Uhr 12 Uhr 6 Uhr

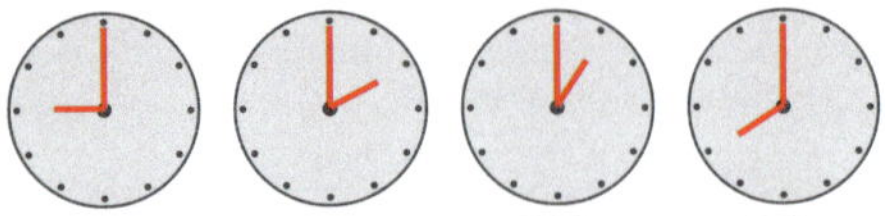

21 Uhr 2 Uhr 13 Uhr 8 Uhr

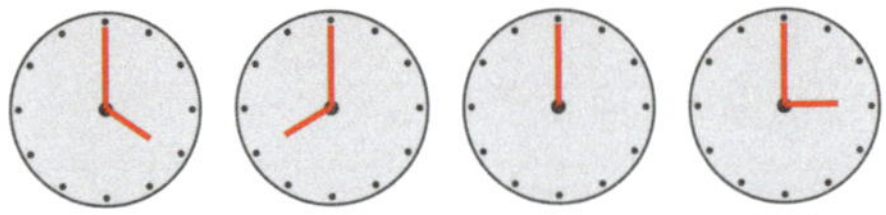

16 Uhr 20 Uhr 0 Uhr 15 Uhr

③ **Verbinde die Uhren mit gleicher Uhrzeit.**

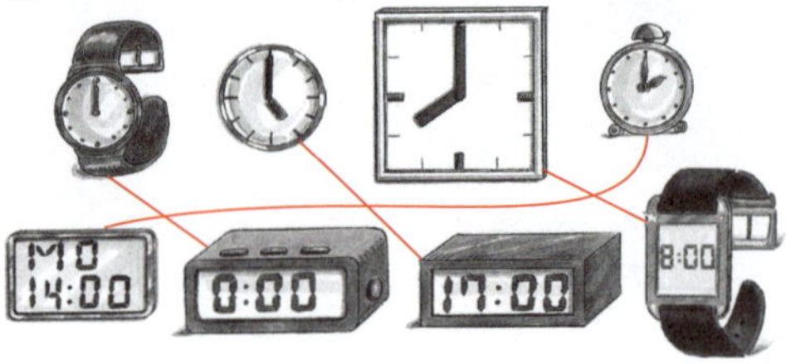

④ **Welche Zahl wird hier angezeigt?**

= 2 = 9 = 4 = 8 = 6

= 1 = 7 = 3 = 5 = 0

⑤ **Ergänze die fehlenden Zeiten.**

Male blau, was zur Zahl gehört!

Trage die fehlenden Zahlen ein.

1	2	3	4	5	6	7	8	9	10
11	12	13	14	15	16	17	18	19	20
21	22	23	24	25	26	27	28	29	30
31	32	33	34	35	36	37	38	39	40
41	42	43	44	45	46	47	48	49	50
51	52	53	54	55	56	57	58	59	60
61	62	63	64	65	66	67	68	69	70
71	72	73	74	75	76	77	78	79	80
81	82	83	84	85	86	87	88	89	90
91	92	93	94	95	96	97	98	99	100

Vorschlag für ein Spiel:
- Lege 10 Gummibärchen auf verschiedene Zahlen.
- Würfle und rücke vor.
- Triffst du auf ein Bärchen, nenne die Zahl und es gehört dir.

Das Geheimnis des Sternenhimmels
Auflösung Sternenbild: Großer Bär

5 In welche Münzen wurde gewechselt?

= ◯ ◯ ◯ ◯ ◯

= ◯ ◯ ◯

= ◯ ◯ ◯ ◯

= ◯ ◯

6 Vergleiche: < > =

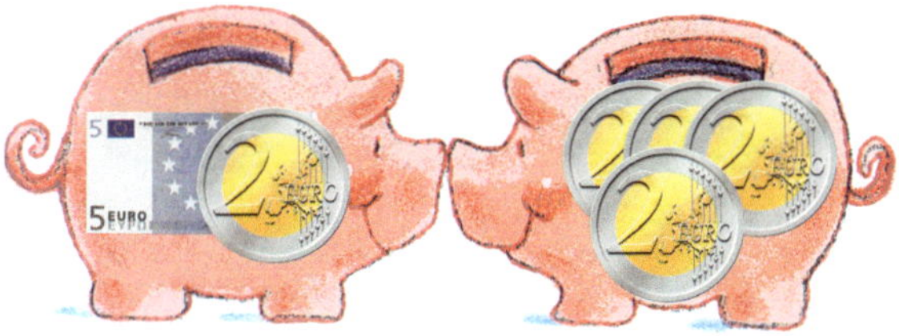

___ € ◯ ___ €

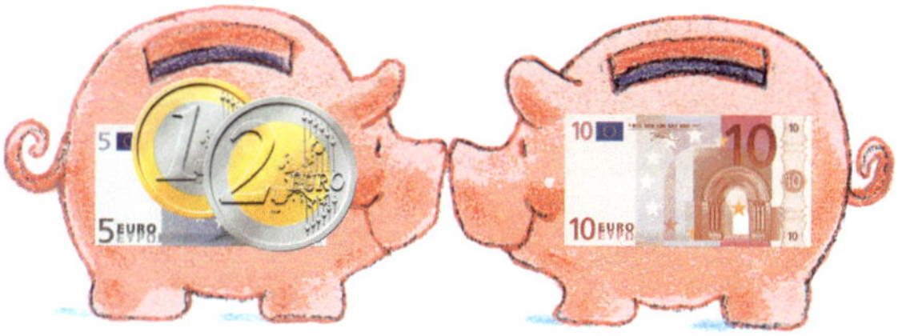

___ € ◯ ___ €

7 Rechne.

2 € + 3 € = ___ €

5 € + 4 € = ___ €

4 € + 2 € = ___ €

8 € + 1 € = ___ €

10 € – 5 € = ___ €

5 € – 2 € = ___ €

6 € – 3 € = ___ €

8 € – 7 € = ___ €

8

4 € + 3 € + 2 € + 1 € = ___ €

5 € + 2 € + 1 € + 2 € = ___ €

1 € + 3 € + 5 € = ___ €

4 € + 2 € + 2 € = ___ €

① **Wie viel müssen die Kinder bezahlen?**

Jonathan kauft:

2 € + ___ € = ____ €

Katharina kauft:

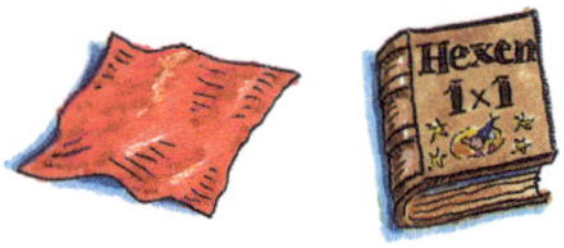

___ € + ___ € = ____ €

Florian kauft:

___ € + ___ € = ____ €

Anna kauft:

___ € + ___ € = ____ €

Pia kauft:

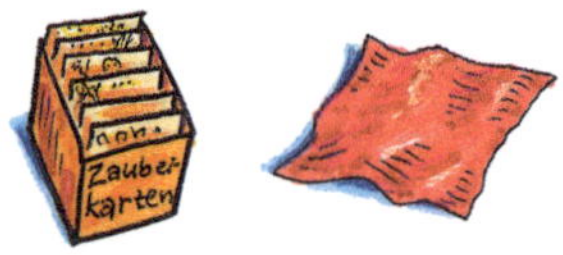

___ € + ___ € = ____ €

Carolin kauft:

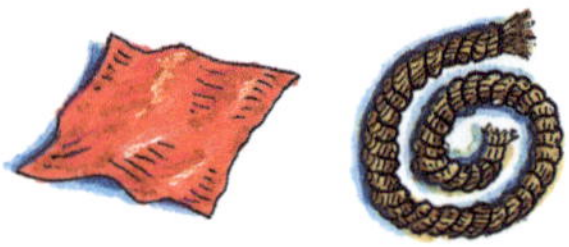

___ € + ___ € = ____ €

② **Wofür bezahlst du 6 €? Kreuze an ☒.**

☐ 

☐ 

☐ 

③ **Wofür bezahlst du 7 €? Kreuze an ☒.**

☐ 

☐ 

☐ 

(4) Wie viel bekommst du zurück?

Ich kaufe	Ich gebe	Rückgeld

(5) Magdalena kauft die Zauberkarten. Sie bezahlt mit einem 10-€-Schein.

Wie viel bekommt sie zurück? ______________________________

Sie bekommt ____ € zurück.

(6) Kaufe mehrere Dinge.

Ich kaufe	Ich gebe	Rückgeld

Verbinde die Rechnung mit dem passenden Bild.

1

5 + 5 = ___

2

6 – 1 = ___

3

4 + 4 = ___

4

8 – 2 = ___

Für Mathe-Super-Stars!

5 **Schreibe für jedes übrige Bild die passende Rechnung.**

1 ______________________

3 ______________________

2 ______________________

4 ______________________

1 **Welcher Wohnwagen gehört zu welchem Auto? Verbinde.**

2 **Schreibe die kleine Aufgabe dazu. Rechne.**

14 + 3 = ___
4 + 3 = ___

12 + 5 = ___
___ + ___ = ___

15 + 4 = ___
___ + ___ = ___

11 + 8 = ___
___ + ___ = ___

13 + 7 = ___
___ + ___ = ___

17 + 3 = ___
___ + ___ = ___

3 **Denke an die kleine Aufgabe.**

16 + 2 = ___	15 + 3 = ___	11 + 6 = ___	14 + 3 = ___
12 + 6 = ___	18 + 2 = ___	15 + 4 = ___	12 + 7 = ___
13 + 4 = ___	14 + 5 = ___	17 + 2 = ___	16 + 4 = ___

④ **Verbinde.**

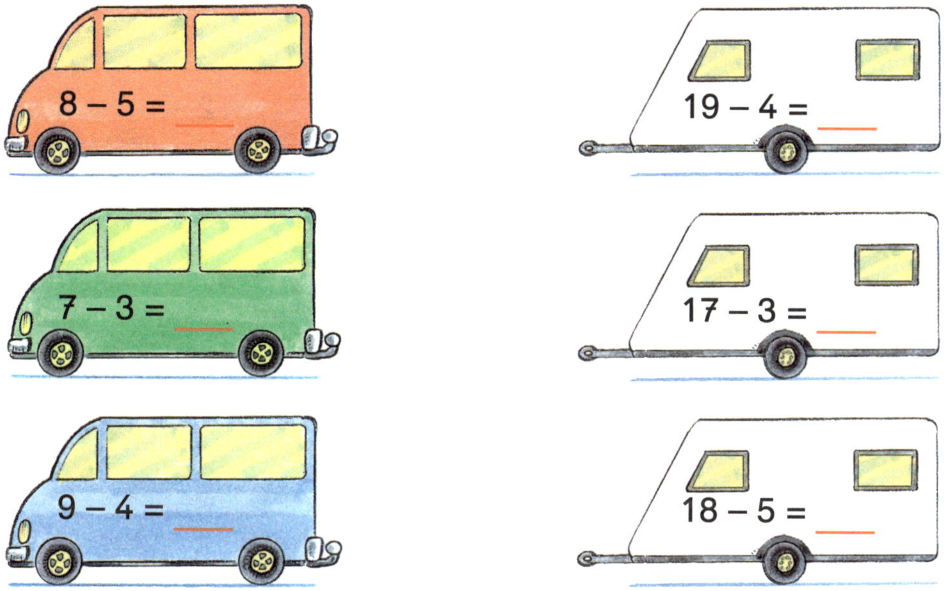

⑤ **Schreibe die kleine Aufgabe dazu. Rechne.**

14 – 3 = ___ 4 – 3 = ___	15 – 2 = ___ ___ – ___ = ___	18 – 6 = ___ ___ – ___ = ___
19 – 5 = ___ ___ – ___ = ___	17 – 4 = ___ ___ – ___ = ___	16 – 6 = ___ ___ – ___ = ___

⑥ **Denke an die kleine Aufgabe.**

19 – 2 = ___	16 – 4 = ___	14 – 3 = ___	16 – 2 = ___
17 – 5 = ___	13 – 3 = ___	19 – 7 = ___	15 – 4 = ___
18 – 3 = ___	17 – 6 = ___	18 – 5 = ___	19 – 3 = ___

1

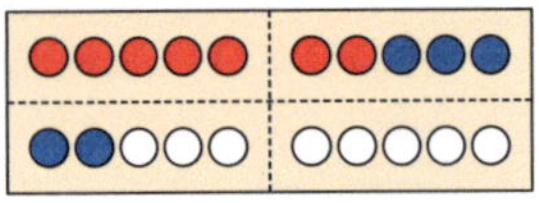

7 + 5 = ___

7 + 3 + 2 = ___

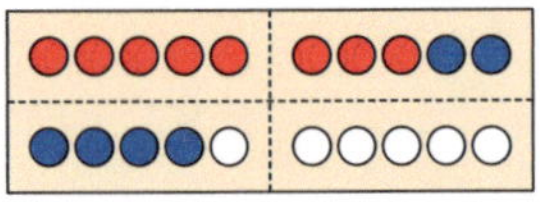

8 + 6 = ___

8 + 2 + 4 = ___

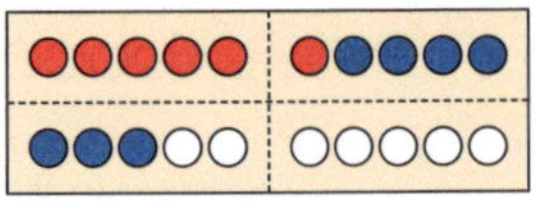

6 + 7 = ___

6 + 4 + 3 = ___

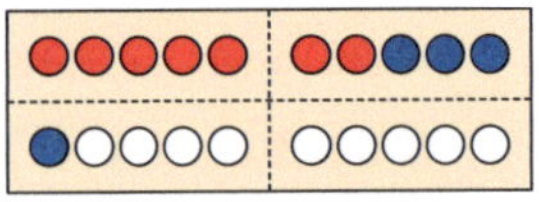

7 + 4 = ___

7 + ___ + ___ = ___

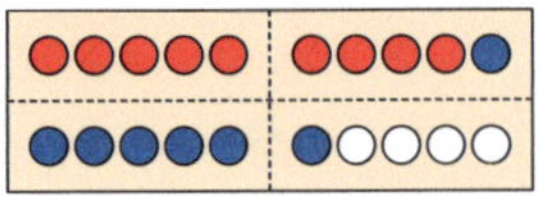

9 + 7 = ___

9 + ___ + ___ = ___

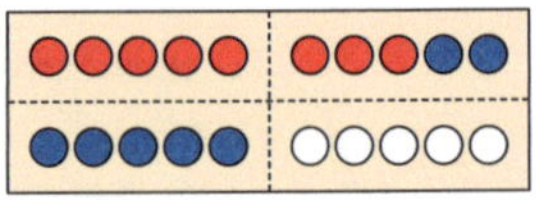

8 + ___ = ___

8 + ___ + ___ = ___

2

5 + 6 = ___

5 + ___ + ___ = ___

8 + 4 = ___

8 + ___ + ___ = ___

9 + 3 = ___

9 + ___ + ___ = ___

6 + 8 = ___

6 + ___ + ___ = ___

9 + 6 = ___

9 + ___ + ___ = ___

5 + 9 = ___

5 + ___ + ___ = ___

8 + 9 = ___

8 + ___ + ___ = ___

2 + 9 = ___

2 + ___ + ___ = ___

7 + 8 = ___

7 + ___ + ___ = ___

3

6 + 5 = ___	7 + 6 = ___	6 + 9 = ___
8 + 5 = ___	5 + 8 = ___	9 + 2 = ___
9 + 4 = ___	9 + 8 = ___	5 + 7 = ___

4

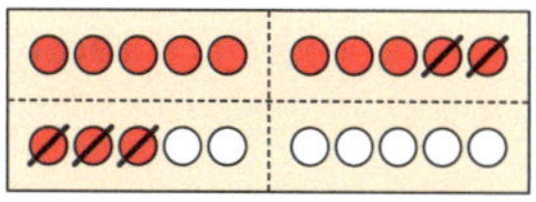

13 – 5 = ___
13 – 3 – 2 = ___

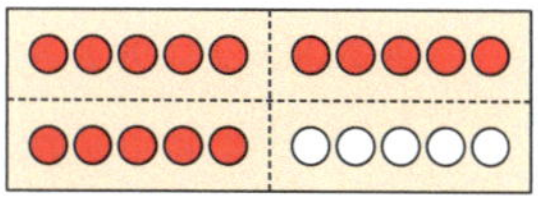

15 – 6 = ___
15 – 5 – 1 = ___

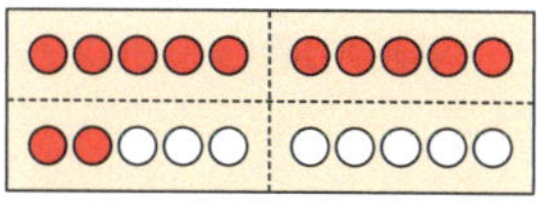

12 – 4 = ___
12 – 2 – 2 = ___

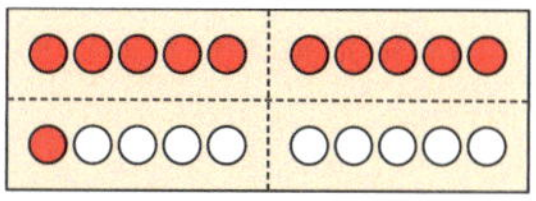

11 – 3 = ___
11 – ___ – ___ = ___

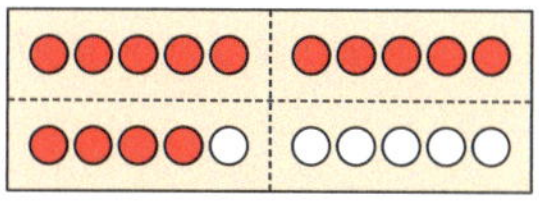

14 – 5 = ___
14 – ___ – ___ = ___

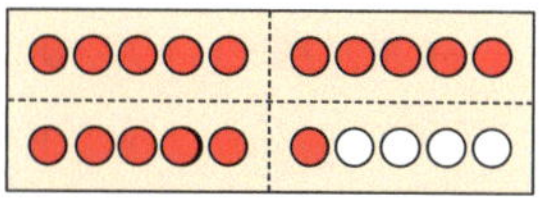

16 – 7 = ___
16 – ___ – ___ = ___

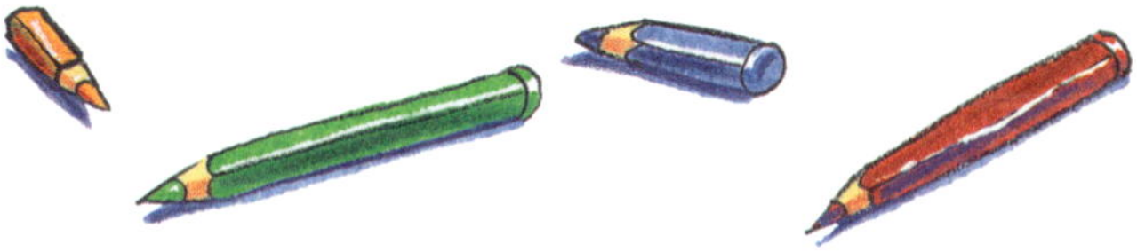

5

13 – 6 = ___
13 – ___ – ___ = ___

11 – 4 = ___
11 – ___ – ___ = ___

15 – 8 = ___
15 – ___ – ___ = ___

14 – 6 = ___
14 – ___ – ___ = ___

12 – 3 = ___
12 – ___ – ___ = ___

16 – 9 = ___
16 – ___ – ___ = ___

11 – 7 = ___
11 – ___ – ___ = ___

13 – 8 = ___
13 – ___ – ___ = ___

12 – 9 = ___
12 – ___ – ___ = ___

6

11 – 5 = ___
15 – 9 = ___
12 – 7 = ___
15 – 7 = ___
11 – 6 = ___
17 – 8 = ___
17 – 9 = ___
13 – 7 = ___
12 – 8 = ___

Verdoppeln und halbieren

① Verdoppeln

a)

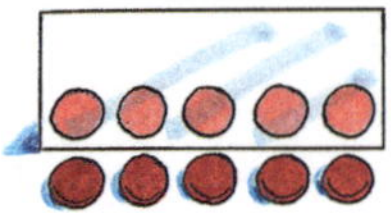

5 + 5 = ___

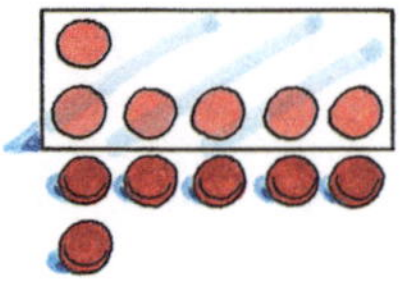

___ + ___ = ___

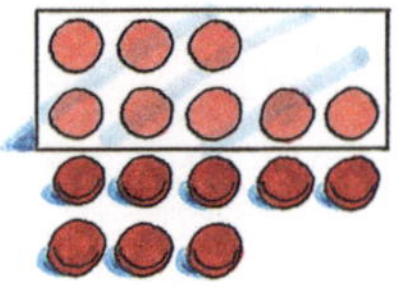

___ + ___ = ___

b)

2 + 2 = ___ 4 + 4 = ___ 6 + 6 = ___ 9 + 9 = ___

7 + 7 = ___ 0 + 0 = ___ 8 + 8 = ___ 10 + 10 = ___

c)

Zahl	3	6	1	10	5	7	9	2	0	4	8
das Doppelte											

② Halbieren

a)

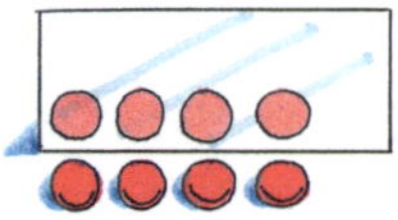

8 = 4 + 4

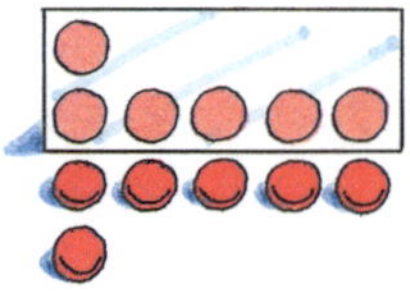

12 = ___ + ___

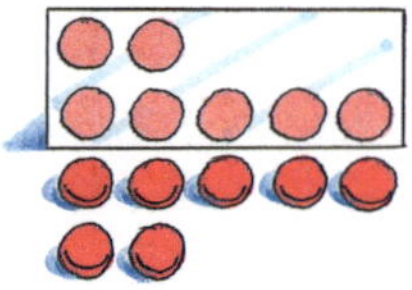

___ = ___ + ___

b)

6 = ___ + ___ 4 = ___ + ___ 20 = ___ + ___

2 = ___ + ___ 10 = ___ + ___ 14 = ___ + ___

c)

Zahl	8	2	6	10	16	0	20	18	4	14	12
die Hälfte											

Setze die Muster fort.

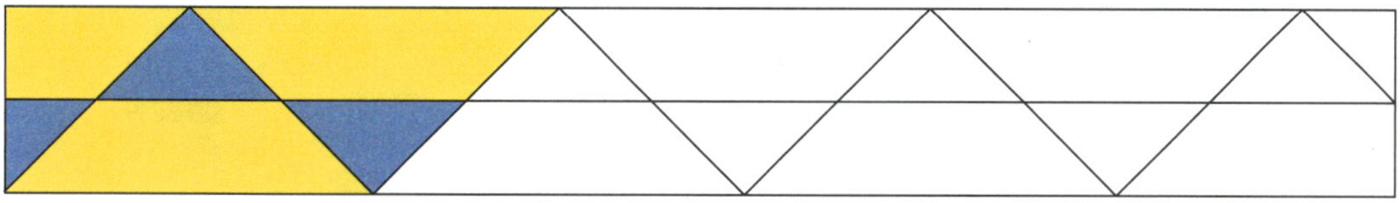

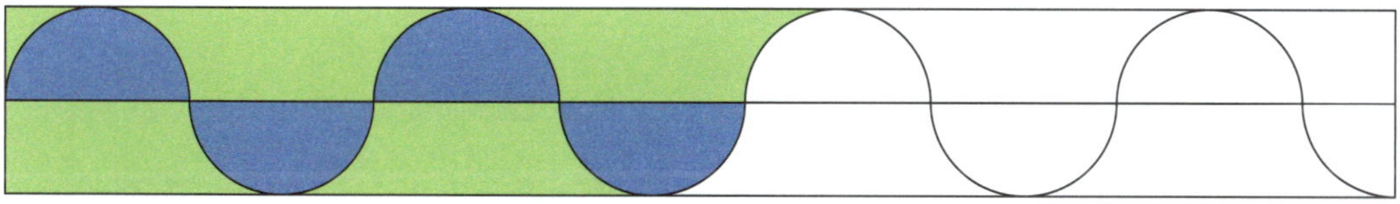

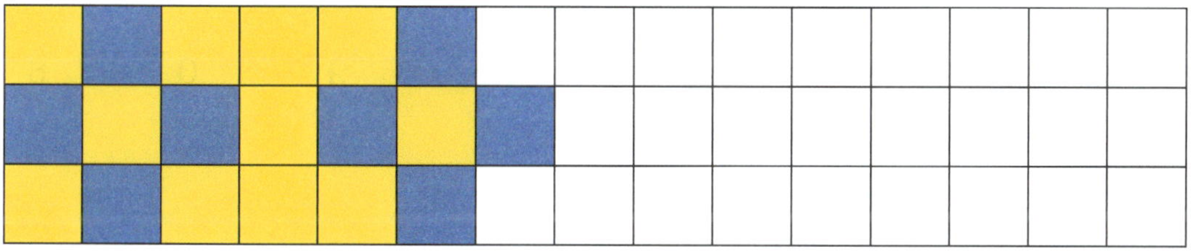

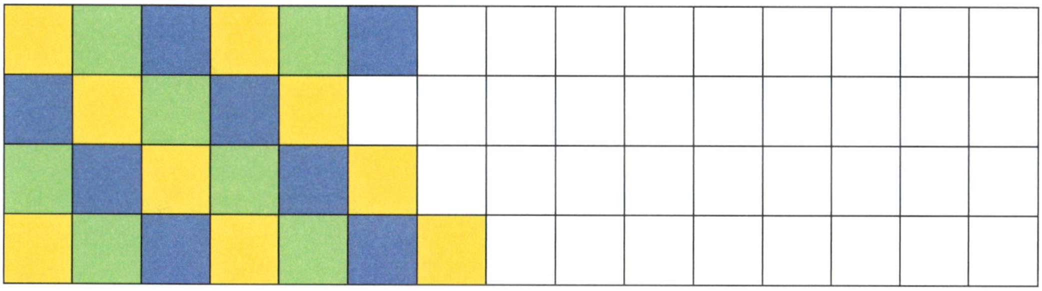

①

5 + 9 = ☐	4 + 13 = ☐
5 + 10 − 1 = ☐	13 + 4 = ☐
Nahe an der 10	Tauschaufgabe
8 + 6 = ☐	7 + 8 = ☐
8 + 2 + 4 = ☐	7 + 7 + 1 = ☐
Zur 10 und dann weiter	Nachbaraufgabe

② **Rechne auf deinem Weg.**

3 + 8 = ___	8 + 9 = ___	8 + 7 = ___
6 + 7 = ___	7 + 9 = ___	8 + 4 = ___
5 + 8 = ___	5 + 12 = ___	7 + 6 = ___
8 + 6 = ___	9 + 7 = ___	4 + 15 = ___
3 + 9 = ___	6 + 8 = ___	9 + 6 = ___

3

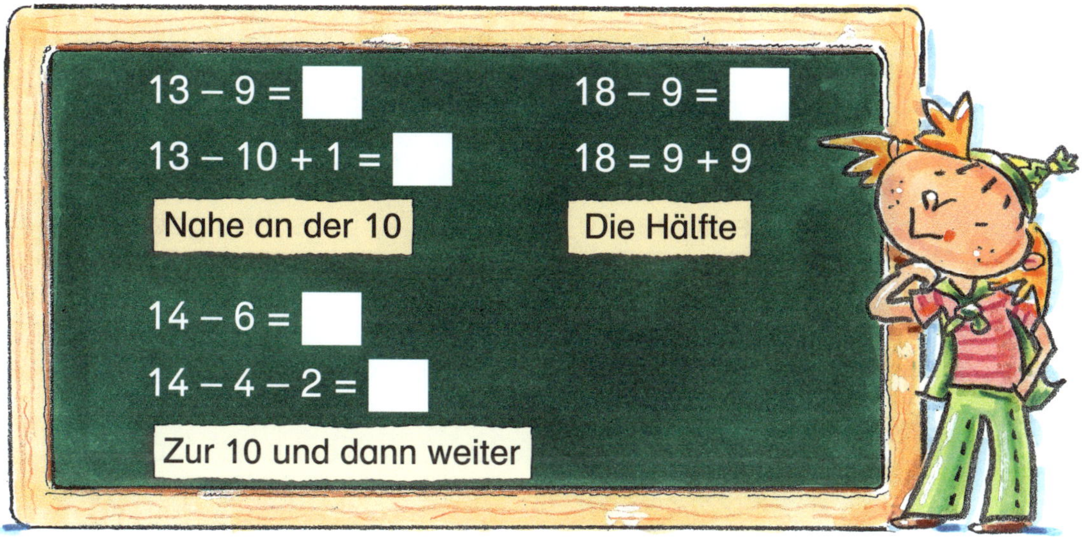

4 **Rechne auf deinem Weg.**

12 – 9 = ___
17 – 8 = ___
14 – 6 = ___

14 – 7 = ___
12 – 5 = ___
16 – 8 = ___

12 – 6 = ___
15 – 9 = ___
13 – 5 = ___

15 – 8 = ___
14 – 9 = ___
14 – 8 = ___

18 – 9 = ___
16 – 7 = ___
13 – 7 = ___

18 ◯ = 16

1 Was wurde gezaubert?

16 ◯ = 11	13 ◯ = 18	15 ◯ = 19
14 ◯ = 16	12 ◯ = 15	12 ◯ = 10
17 ◯ = 15	16 ◯ = 20	18 ◯ = 12
19 ◯ = 11	20 ◯ = 13	14 ◯ = 18

2 Schreibe die Rechnung dazu.

Ich habe 17 Murmeln in meinem Sack.		Jetzt sind es 13.	
Ich habe 12 Murmeln in meinem Sack.		Jetzt sind es 18.	
Ich habe 14 Murmeln in meinem Sack.		Jetzt sind es 10.	

___ + 2 = 19

③ **Wie viele Murmeln waren am Anfang im Sack?**

___ + 5 = 17   ___ + 7 = 20   ___ + 4 = 16

___ + 5 = 18   ___ + 4 = 20   ___ + 6 = 19

④ **Wie viele Murmeln waren am Anfang im Sack?**

___ − 5 = 13   ___ − 2 = 15   ___ − 1 = 17

___ − 6 = 14   ___ − 2 = 17   ___ − 7 = 13

⑤ **Schreibe die Rechnung dazu.**

	Ich gebe 5 Murmeln dazu.	Jetzt sind es 19.	
	Ich nehme 3 Murmeln heraus.	Jetzt sind es 14.	
	Ich nehme 1 Murmel heraus.	Jetzt sind es 18.	

Wahrscheinlichkeit: Angelspiel

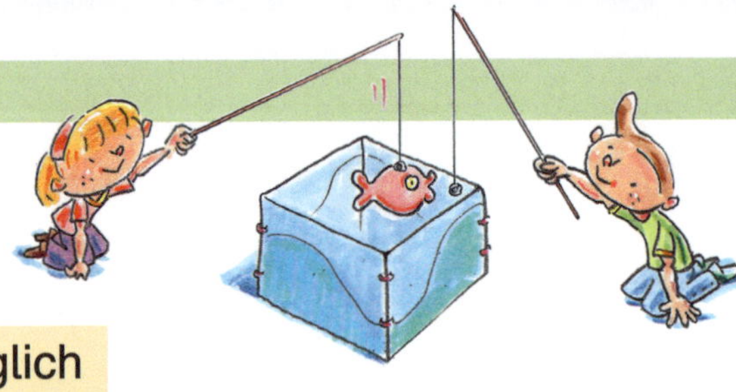

unmöglich | unwahrscheinlich

sicher | wahrscheinlich | möglich

① Lea möchte einen roten Fisch angeln.
Verbinde: Bei welcher Schachtel ist das …

… sicher? | **… möglich?** | **… unmöglich?**

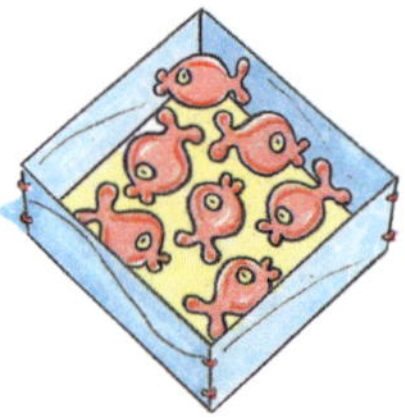
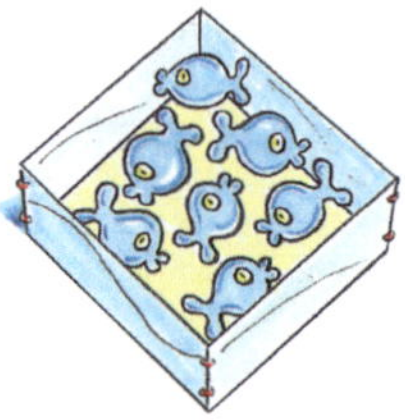
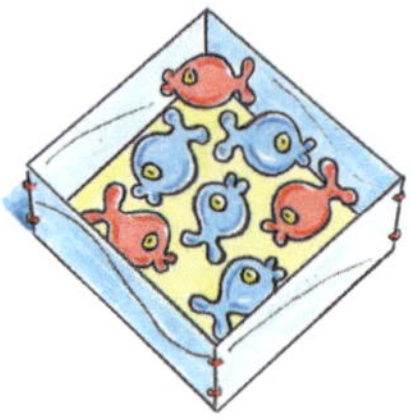

② Paul angelt einen Fisch.
Verbinde mit den richtigen Schachteln.

Es ist **wahrscheinlich**, dass er einen **roten** Fisch angelt.

Es ist **unwahrscheinlich**, dass er einen **roten** Fisch angelt.

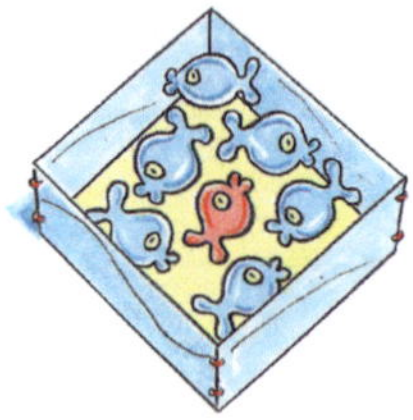
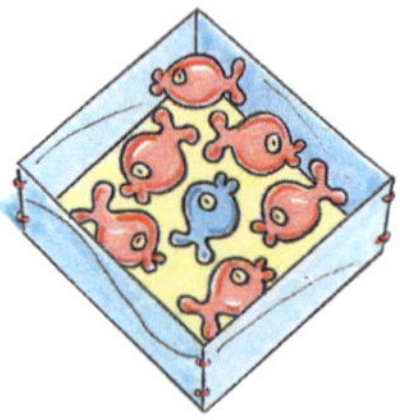

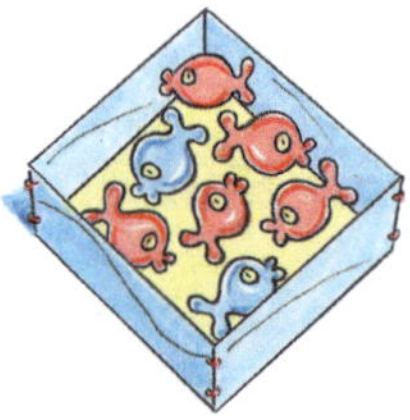

Es ist **wahrscheinlich**, dass er einen **blauen** Fisch angelt.

Es ist **unwahrscheinlich**, dass er einen **blauen** Fisch angelt.

Es können auch mehrere Aussagen richtig sein.

③ **Lea angelt einen Fisch. Kreuze an ☒.**

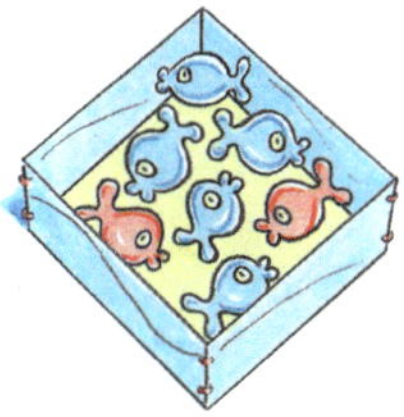

- ☐ Es ist **sicher**, dass sie einen **roten** Fisch angelt.
- ☐ Es ist **möglich**, dass sie einen **blauen** Fisch angelt.
- ☐ Es ist **wahrscheinlich**, dass sie einen **blauen** Fisch angelt.
- ☐ Es ist **sicher**, dass sie einen **blauen** Fisch angelt.

④ **Paul angelt einen Fisch. Kreuze an ☒.**

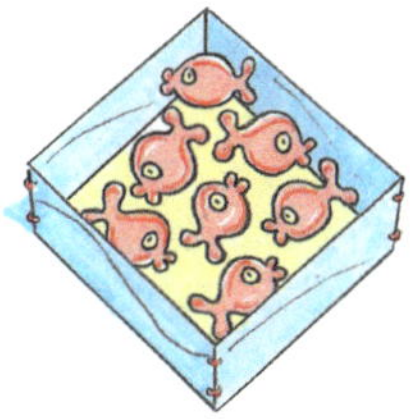

- ☐ Es ist **sicher**, dass er einen **roten** Fisch angelt.
- ☐ Es ist **unmöglich**, dass er einen **roten** Fisch angelt.
- ☐ Es ist **möglich**, dass er einen **blauen** Fisch angelt.
- ☐ Es ist **unmöglich**, dass er einen **blauen** Fisch angelt.

5 Färbe die Fische so, dass die Aussage jeweils stimmt.

sicher **rot**

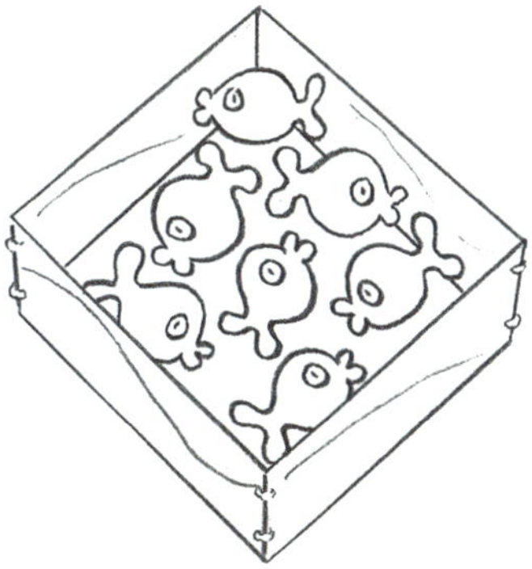

unmöglich **rot**

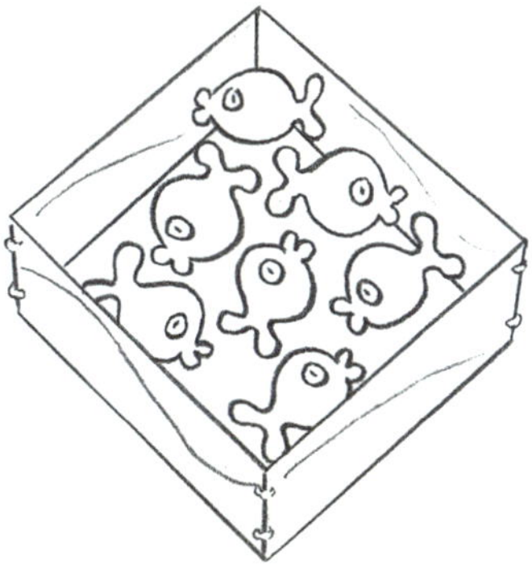

wahrscheinlich **rot**

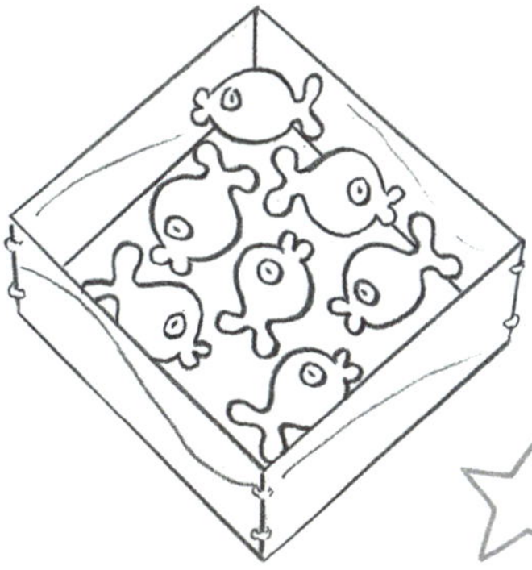

(1) Verbinde Vorderseite und Rückseite.

(2) Wie viel Geld ist es?

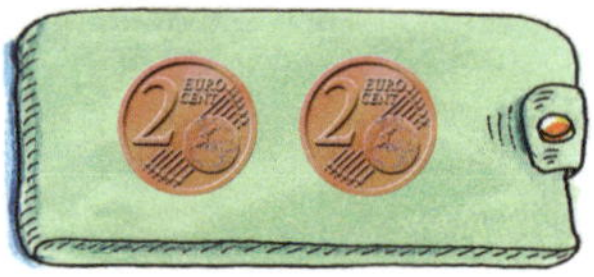

____ ct

____ ct

____ ct

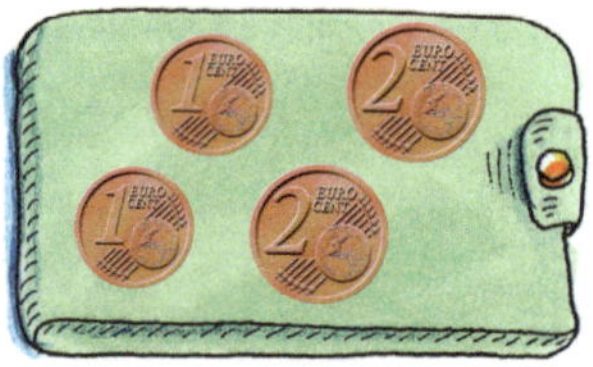

____ ct

____ ct

____ ct

(3) Wechsle.

 =

 =

 =

 =

 =

 =

4 **In welche Münzen wurde gewechselt?**

 = ○ ○ ○ ○

 = ○ ○ ○

 = ○ ○ ○ ○

 = ○ ○ ○ ○ ○

5 **Vergleiche:** ⧀ ⧁ ⊜

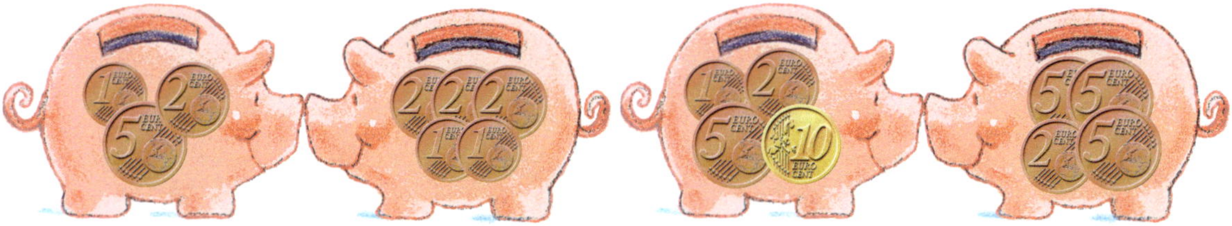

___ ct ○ ___ ct ___ ct ○ ___ ct

6 **Rechne.**

2 ct + 1 ct = ___ ct

15 ct + 2 ct = ___ ct

4 ct + 12 ct = ___ ct

2 ct + 6 ct = ___ ct

10 ct + 5 ct = ___ ct

5 ct + 7 ct = ___ ct

9 ct + 3 ct = ___ ct

7 ct + 8 ct = ___ ct

7 4 ct + 3 ct + 7 ct + 1 ct = ___ ct

2 ct + 5 ct + 11 ct + 1 ct = ___ ct

12 ct + 1 ct + 5 ct = ___ ct

8 ct + 2 ct + 5 ct = ___ ct

①

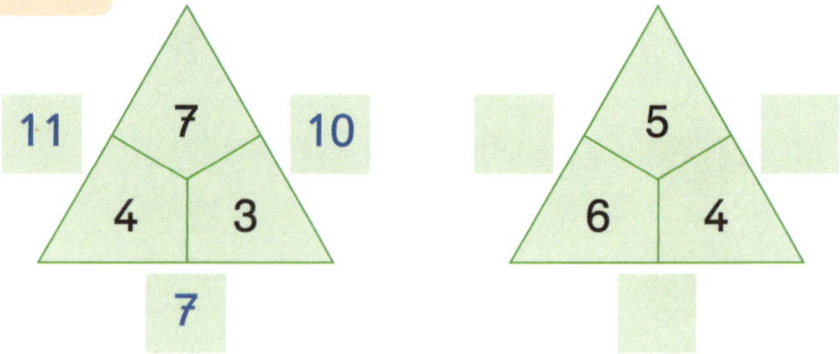

②

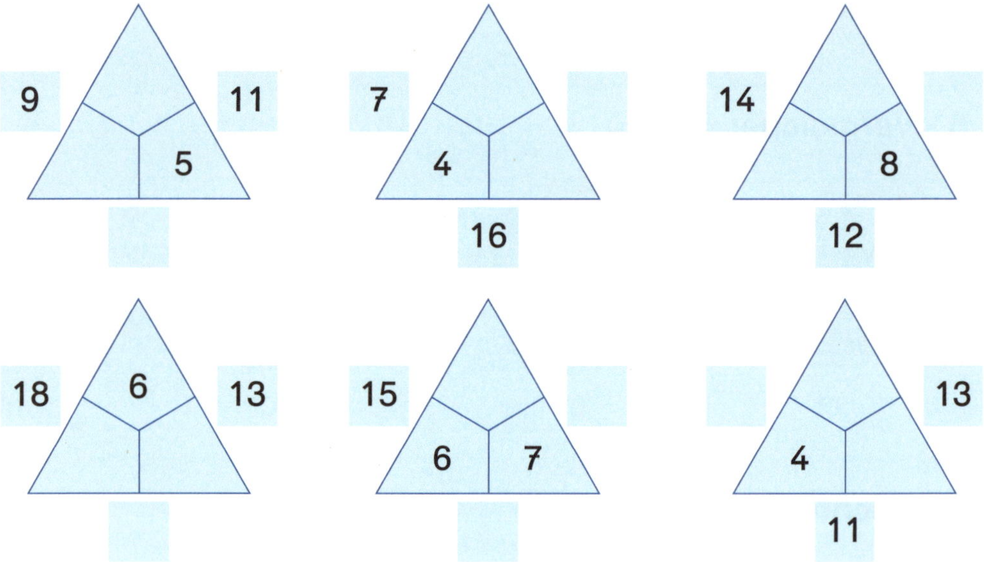

3 Bei jedem Rechendreieck ist nur eine Zahl falsch. Verbessere.

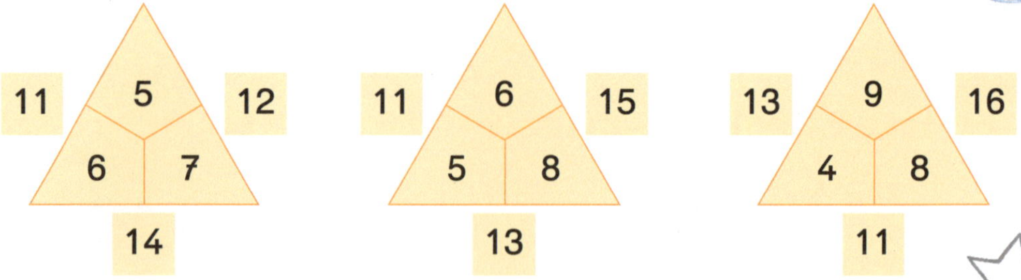

Kreise im unteren Bild die 6 Fehler ein.

Zu jeder Geschichte gehören ein Bild und eine Rechnung. Verbinde.

Auf dem Parkplatz stehen schon 8 Autos. 3 Autos kommen noch dazu.

Auf dem Parkplatz standen 9 Autos. Jetzt fahren 2 Autos weg.

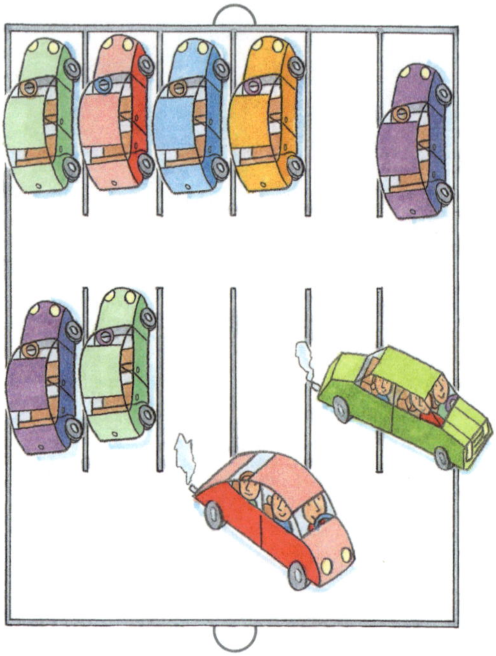

9 + 2 =

9 – 2 =

8 + 3 =

8 – 3 =

Im Schulbus sitzen bereits 12 Kinder. 4 Kinder steigen noch ein.	Im Schulbus waren 19 Kinder. 8 Kinder steigen an der Grundschule aus.

12 + 4 =

12 – 4 =

9 + 8 =

19 – 8 =

Auch hier bleiben 2 Rechnungen übrig!

Für Mathe-Super-Stars!

Löse auch die übrigen Rechnungen.
Erzähle Geschichten und male Bilder.

1 Rechne.

6		
2	4	3

5	1	2

4	6	2

2 Gleiche Grundsteine – verschiedene Mauern

2	3	4

3	4	2

3	2	4

Findest du mit diesen Grundsteinen noch andere Mauern?

3 Welche Zahlen fehlen?

20		
10		
6		

15		
7		
	4	

12		
	8	
1		

1 **Setze die Folgen fort.**

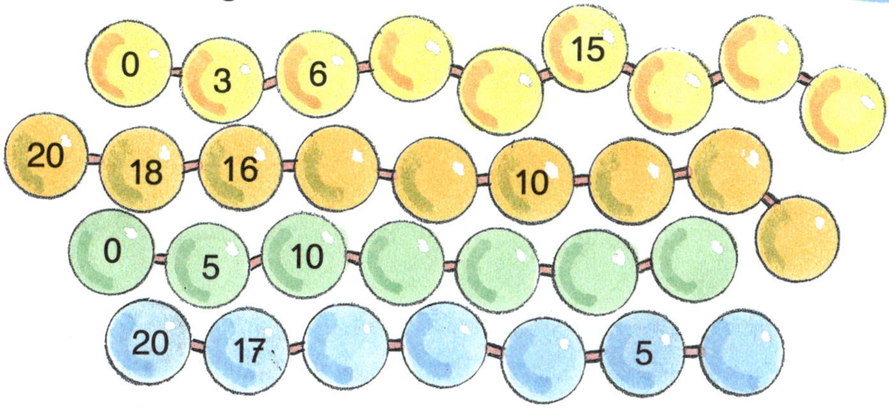

2 **Rechne aus und setze fort.**

4 + 6 = ___	5 + 5 = ___	13 – 3 = ___	16 – 7 = ___
4 + 7 = ___	6 + 5 = ___	12 – 3 = ___	16 – 8 = ___
4 + 8 = ___	7 + 5 = ___	11 – 3 = ___	16 – 9 = ___
___	___	___	___
6 + 7 = ___	8 + 6 = ___	15 – 5 = ___	14 – 7 = ___
7 + 7 = ___	8 + 5 = ___	14 – 5 = ___	14 – 8 = ___
8 + 7 = ___	8 + 4 = ___	13 – 5 = ___	14 – 9 = ___
___	___	___	___

3 **Rechne geschickt.**

4 + 7 + 6 = ___	8 + 4 + 6 = ___	17 – 7 – 4 = ___
8 + 6 + 2 = ___	3 + 9 + 7 = ___	17 – 9 – 7 = ___
8 + 7 + 3 = ___	7 + 6 + 4 = ___	16 – 8 – 6 = ___

Lies die Geschichte und erzähle zum Bild.
Löse die Aufgabe.

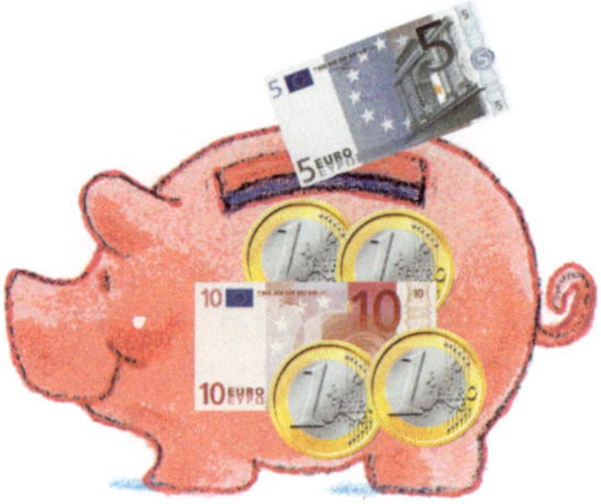

① Thomas hat 14 € gespart.
Seine Tante schenkt ihm noch 5 €.
Wie viel Geld hat er jetzt?

Rechnung: ______________________________

Antwort: Er hat jetzt ___ €.

② Auf dem Flohmarkt verkauft Michael
ein Spiel für 4 €, ein Buch für 3 € und
Schlittschuhe für 8 €.
Wie viel Geld hat er eingenommen?

Rechnung: ______________________________

Antwort: Er hat ___ € eingenommen.

③ Clara kauft sich ein Taschenbuch für 9 €.
Sie bezahlt mit einem 20-€-Schein.
Wie viel Geld bekommt sie zurück?

Rechnung: ______________________________

Antwort: Sie bekommt ___ € zurück.

4 Sabine hat eine Schachtel mit 12 Schokoküssen.
Nach einer Woche sind noch 5 Schokoküsse in der Schachtel.
Wie viele hat sie schon gegessen?

Rechnung: ______________________

Antwort: Sie hat ___ Schokoküsse gegessen.

Für Mathe-Super-Stars!

5 Florian verteilt an seinem Geburtstag eine Schachtel mit 12 Schokoküssen und eine Schachtel mit 8 Schokoküssen.

a) Wie viele Schokoküsse hat er verteilt?

Rechnung: ______________________

Antwort: Er hat ___ Schokoküsse verteilt.

b) Jedes Kind hat 2 Schokoküsse bekommen.
Wie viele Kinder waren es?

Rechnung: ______________________

Antwort: Es waren ___ Kinder.

Finde die Rechenfrage und die passende Rechnung.
Kreuze an ☒ und rechne.

① 16 Kinder warten bereits in der Turnhalle,
2 Kinder ziehen sich noch um.

☐ Wie viele Jungen sind in der Turnhalle?

☐ Wie viele Kinder sind es insgesamt?

☐ Wie viele Kinder sind heute krank?

☐ 16 + 2 = ___ ☐ 16 – 2 = ___ ☐ 10 + 6 = ___

② Für den Schwimmunterricht wurden insgesamt 18 Kinder angemeldet.
Heute fehlen aber 3 Mädchen.

☐ Wie lange dauert der Schwimmunterricht?

☐ Wie viele Kinder können schwimmen?

☐ Wie viele Kinder nehmen heute am Schwimmunterricht teil?

☐ 18 + 3 = ___ ☐ 18 – 3 = ___ ☐ 18 – 8 = ___

3) Am Klettergerüst turnen 7 Kinder,
4 Kinder sind an der Schaukel,
5 Kinder warten an der Rutsche.

☐ Wie viele Kinder sind im Sandkasten?

☐ Wie viele Kinder sind auf dem Spielplatz?

☐ Wie alt sind die Kinder?

☐ 7 + 4 + 5 = ___

☐ 7 – 4 = ___

☐ 5 + 7 = ___

4) 15 Kinder treffen sich um 15 Uhr zum Fußball-Training.
4 Kinder werden um 16 Uhr abgeholt,
2 Kinder gehen um 16.30 Uhr zum Bus.
Alle anderen Kinder trainieren bis 17 Uhr.

☐ Wie viele Kinder bleiben bis 17 Uhr?

☐ Wie heißt der Fußballverein?

☐ Wie viele Mädchen spielen mit?

☐ 15 + 4 + 2 = ___

☐ 15 – 4 – 5 = ___

☐ 15 – 4 – 2 = ___

① **Kennst du beide Uhrzeiten?**

☼ 11 Uhr	☼ ___ Uhr	☼ ___ Uhr	☼ ___ Uhr
☾ 23 Uhr	☾ ___ Uhr	☾ ___ Uhr	☾ ___ Uhr

② **Trage die Zeiger in die Uhr ein.**

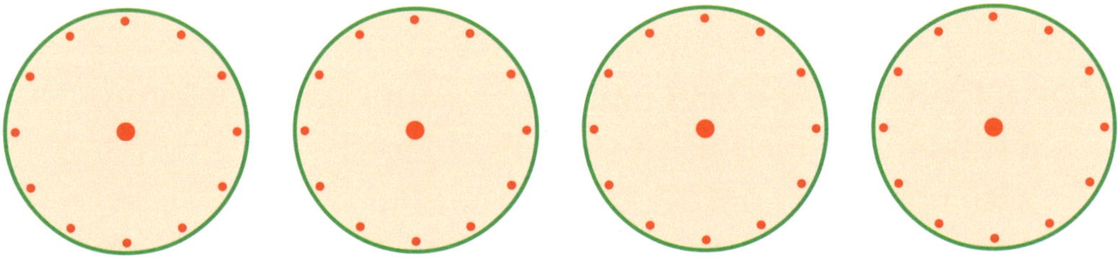

17 Uhr | 3 Uhr | 12 Uhr | 6 Uhr

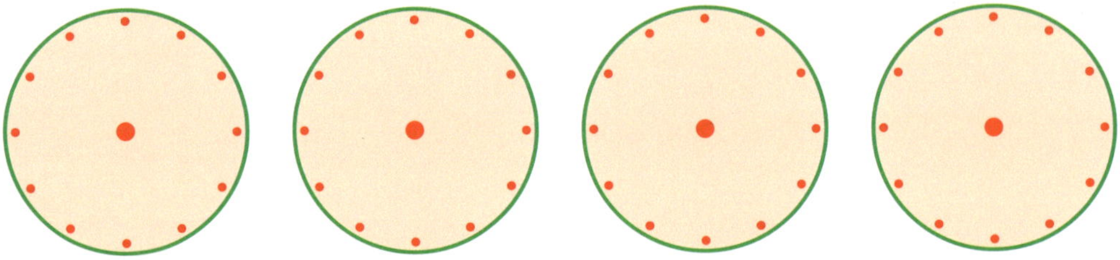

21 Uhr | 2 Uhr | 13 Uhr | 8 Uhr

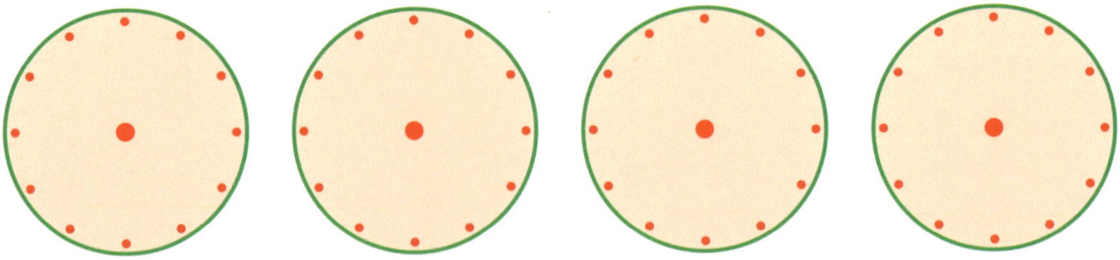

16 Uhr | 20 Uhr | 0 Uhr | 15 Uhr

③ **Verbinde die Uhren mit gleicher Uhrzeit.**

④ **Welche Zahl wird hier angezeigt?**

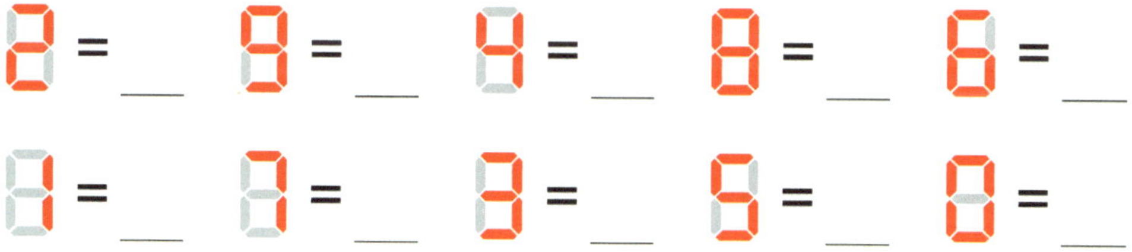

⑤ **Ergänze die fehlenden Zeiten.**

Male blau, was zur Zahl gehört!

Trage die fehlenden Zahlen ein.

1	2	3	4	5	6	7	8	9	10
11	12	13	14	15	16	17	18	19	20
21				25	26				30
	32	33	34			37	38	39	
41			44	45			48		50
	52		54		56			59	60
61		63		65	66	67			
	72			75			78		
81			84	85		87			90
		93	94		96		98	99	

Vorschlag für ein Spiel:
- Lege 10 Gummibärchen auf verschiedene Zahlen.
- Würfle und rücke vor.
- Triffst du auf ein Bärchen, nenne die Zahl und es gehört dir.

Inhaltsverzeichnis

[redacted]

Wie viele sind es?

	|||| |	6

1	2	3								